Friesische Inseln

Früher und Heute

Friesische Inseln
Früher und Heute

Inhalt

© KOMET Verlag GmbH, Köln
www.komet-verlag.de
Gesamtproducing: twinbooks, München (Jennifer Künkler)
Text: Tina Kaie und Mareike Ludewig
Gesamtherstellung: KOMET Verlag GmbH, Köln
Printed in China

ISBN 978-3-89836-879-7

Einleitung

Perlen der Nordsee – Die Friesischen Inseln und Halligen, weit draußen im Meer, stehen seit jeher für eine ganz besondere Lebensart zwischen Ebbe und Flut, für das tägliche Miteinander von Mensch und rauer Natur. Hier sagt man „Moin Moin", sieht Friesenhäuser mit Reetdach, erlebt Naturverbundenheit und friesischen Charme. Aber trotz aller Eigentümlichkeiten und obwohl viele Witze über die vermeintlich andere Friesenwelt gemacht werden, ticken die Uhren in Nord- und Ostfriesland im Grunde ganz genauso wie auf dem deutschen Festland auch.

Vor der niedersächsischen Küste liegen die sieben bewohnten Ostfriesischen Inseln Borkum, Juist, Norderney, Baltrum, Langeoog, Spiekeroog und Wangerooge. Zu den deutschen Nordfriesischen Inseln vor der Westküste Schleswig-Holsteins zählen Sylt, Föhr, Amrum, Pellworm und Nordstrand. Insbesondere das Leben auf den zu Deutschland gehörenden Halligen Oland, Langeneß, Gröde, Habel, Hamburger Hallig, Hooge, Nordstrandischmoor, Norderoog, Süderoog und Südfall wird von der Laune des Meeres bestimmt.

Schon die ersten Friesen im 7. Jahrhundert führten einen erbitterten Kampf gegen Wind und Wellen. Erst sehr viel später, ab Mitte des 19. Jahrhunderts gelang es, die Fluten durch massivere Inselschutzwerke im Zaum zu halten. Es bleibt allerdings ein immerwährender Kampf, denn der Blanke Hans nagt unaufhörlich weiter an den Inselküsten.

Einst noch spärlich bevölkert und in aller Abgeschiedenheit kaum wahrgenommen, haben sich die friesischen Inseln längst zu äußerst beliebten Kur- und Feriendomizilen etabliert. Endlos weite Sand- und Dünenstrände, Heidelandschaften, blühende Salzwiesen und der schillernde Artenreichtum des Nationalparks Wattenmeer strahlen eine außergewöhnliche Faszination aus. Und längst lockt jede Insel mit einem breit gefächerten Kurangebot inklusive Sport-, Freizeit- und Unterhaltungsprogramm.

Die früheren Inselbewohner lebten mit Ausnahme der Walfang-Ära zu Beginn des 18. Jahrhunderts, die kurzzeitigen Reichtum brachte, zumeist von der Landwirtschaft und weitestgehend in Armut. Erst Anfang des 19. Jahrhunderts entdeckten die ersten Inselgäste die heilende Wirkung des Nordseeklimas. Der auf dem Fuße folgende Urlauberansturm brachte endlich den wirtschaftlichen Aufschwung. Nach der Gründung der ersten Seebäder veränderte sich die Infrastruktur rasant, und viele alte Inseldörfer verwandelten sich in mondäne Kurzentren. Im gleichen Zuge wie der Wirtschaftsaufschwung auf den Inseln und Halligen den Menschen half, bedrohte er den natürlichen Lebensraum der tierischen Bewohner. Das Wattenmeer beherbergt mehr als 4000, zum Teil vom Aussterben bedrohte Vogelarten, unterschiedliche Fische, Seehunde, Kegelrobben und Kleinwale. In den 1980er-Jahren wurden die Küsten- und Wattregionen vor Schleswig-Holstein und Niedersachsen gesetzlich geschützt und als Nationalparks ausgewiesen.

Am eindrucksvollsten lassen sich die Geschichten von den Veränderungen der Friesischen Inseln durch packende Bilder erzählen. 70 Bildpaare in diesem Band dokumentieren Wandel und Kontinuität, machen Inselgeschichte lebendig und bieten Stoff zum Nachdenken über die Zukunft. Die eindeutige Sprache, die die einzelnen Bildpaare in ihrem Nebeneinander sprechen, ermöglicht den Blick auf eine verborgene Vergangenheit und lässt die Gegenwart in einem neuen Licht erscheinen. Entdecken Sie die Welt der Friesischen Inseln und Halligen, wie sie vielfältiger und bemerkenswerter nicht sein könnte – früher und heute.

Ein Buch, das nachdenklich macht – Bilder, die uns die Augen öffnen.

Beliebte Fotomotive Reetgedeckte Backsteinhäuser sind typisch für die Inseln der Nordsee. Diese Friesenhäuser, oft umgeben von malerischen Rosengärten, sind häufig denkmalgeschützt und geben den Friesischen Inseln ihr besonders heimeliges Flair.

Allen Naturkräften zum Trotz Wie hier auf Borkum gehören Strandkörbe
zum festen Bestandteil der Landschaften auf den Friesischen Inseln.
Und obwohl jeder Strandkorb nass und versandet bis zu 200 Kilogramm
auf die Waage bringt, schaffen es Wind und Sandbewegungen dennoch,
die schützenden Körbe zu versetzen.

Inseln im Wandel

Schwieriger Balanceakt Ob durch die Natur ausgelöst oder vom Menschen gewollt, die Friesischen Inseln und Halligen befinden sich in stetiger Veränderung. Mit den Touristenströmen passte sich auch das Gesicht der Nord- und Ostfriesischen Inseln an – mit nicht immer nur negativen Folgen: Zwar beeinträchtigen Neubauten allerorten die schützenswerte Landschaft, dennoch hat der Tourismus auch positive Nachwehen. Je mehr Besucher erkennen, wie einzigartig und fragil die Natur der Nordseeinseln ist, desto mehr wird auch für deren Schutz getan. Die Aufgabe der Zukunft muss sein, einen Mittelweg zwischen Naturschutz und attraktivem Gästeangebot einzuschlagen.

Borkum – Deichanlagen
Mit Holz und Steinen gegen Poseidon

19. Jahrhundert Kaum eine Insel ist derart schwierigen Witterungsverhältnissen ausgesetzt wie Borkum. Seit 1650 hat die Insel unter dem Einfluss der Gezeitenströme und der Brandung im Westen rund 500 Meter verloren, wuchs dafür aber fünf Kilometer in Richtung Osten. Bereits im 17. Jahrhundert baute man den ersten Deich im Osten des Westlandes. Ab 1869 schüttete man unermüdlich Steinwälle, sogenannte Buhnen, auf, die im rechten Winkel zum Strandufer ins Meer stachen. Fünf Jahre später folgte ein erster Dünenschutz aus Holz. Oft konnten aber weder Buhnen noch Holzwände den Sturmfluten und Erosionskräften Einhalt gebieten. Selbst ein Großteil der ab 1932 entworfenen Unterwasserbuhnen wurde von den gewaltigen Wassermassen weggespült.

Borkum kämpft weiter Das Meer gibt niemals auf, die Insulaner jedoch ebenfalls nicht. Nach wie vor trotzen sie dem unaufhörlich steigenden Meeresspiegel und der Übermacht von Wind und Brandung. Auch die Angriffe und Flutströme von Randzel-Watt, Hubertgat und Westerems konnten bis heute im Zaum gehalten werden. Zwischen 1934 und 1996 wurden vorrangig im westlichen Teil der Insel Dünendeckwerke, der Seedeich „Sommerdeich", ein Deich entlang der Schienen zum Hafen und der Neue Seedeich an der Wattseite errichtet. Damit setzte man den stürmischen Wellen nahezu unbezwingbaren Beton entgegen. Zudem wurden zahlreiche neue Buhnen ins Wasser gelassen. Allerdings werden auch künftig noch Tonnen von Stein und Hunderttausende Kubikmeter Sand nötig sein, wenn die Insel Borkum überleben will.

Juist – Hafen
Hafenanlagen mit ständig wechselndem Gesicht

1984 Mit der Zunahme des Kurbetriebes nahmen 1871 und 1888 die ersten
beiden Fähren ihren Dienst zwischen Juist und dem Festland auf. 1894 wurde
eine 300 Meter lange Anlegebrücke gebaut, die den bisher beschwerlich langen
Weg von der Fahrrinne bis zur Küste verkürzte. Von dort aus ging es weiter mit
der Pferde-Inselbahn, deren Betrieb jedoch 1982 eingestellt wurde. Durch zahlreiche Maßnahmen gelang es in der Folgezeit, die Fahrrinne bis an die Küste
zu erweitern. Nun konnten die Fährschiffe fast bis direkt an die Inselkante he-
ranfahren. Parallel dazu wurde ein Hafenbecken errichtet. Die frühere Anlegebrücke wurde damit überflüssig und infolgedessen abgerissen. Ab 1971 fanden
abermals umfassende Hafen- und Deichbauarbeiten statt, am 21. September
1984 wurde schließlich der neue Fährhafen seiner Bestimmung übergeben.

Neuer Glanz 2006 startete das umfangreiche Projekt „Neue Seebrücke".
Dieses Vorhaben verwirklichte gleich zwei Ziele: Erstens wirkte man der Watt-
verschlickung im Hafen entgegen und zweitens erfuhr Juist durch den Bau
eines neuen Sportboot- und Yachthafens eine touristische Aufwertung. Am
18. Juli 2008 wurde die neu gepflasterte und 335 Meter lange Promenade mitsamt ihrem Aussichtsturm – zugleich neues Wahrzeichen der Insel – offiziell
eingeweiht. Der moderne Sportboothafen, der im von der Seebrücke einge-
fassten Areal liegt, bietet Platz für 160 Yachten und Motorboote. Er umfasst
insgesamt 21 Betonstege mit zusätzlichen Fingerstegen.

Norderney aus der Luft
Alte und neue Wege nach Norderney

1860 Norderney war vor der Gründung des Seebads wie viele andere Friesische Inseln ein Eiland der Seefahrer und Fischer. Auch noch nachdem König Friedrich Wilhelm II. von Preußen (1744–1797) 1797 die Errichtung eines Seebads genehmigt hatte, und der Kurbetrieb allmählich zunahm, fühlten sich viele Bewohner weiterhin der Seefahrt verpflichtet. Durch staatliche Förderung zur Erbauung von Gästehäusern sowie durch den ergiebigen Schellfischfang und -handel nahm die Wirtschaft Norderneys bald einen Aufschwung. Seit dem Bau des Seebads im Jahr 1800 wurden die Reinheit und der hohe Salzgehalt des Wassers, der flach in das Wasser abfallende Sandstrand und die reine, sauerstoffreiche Luft Norderneys immer berühmter und beliebter. Unter den in immer größerer Zahl anreisenden Gästen befanden sich daher auch Berühmtheiten wie Heinrich Heine, Wilhelm von Humboldt, Otto von Bismarck und Theodor Fontane.

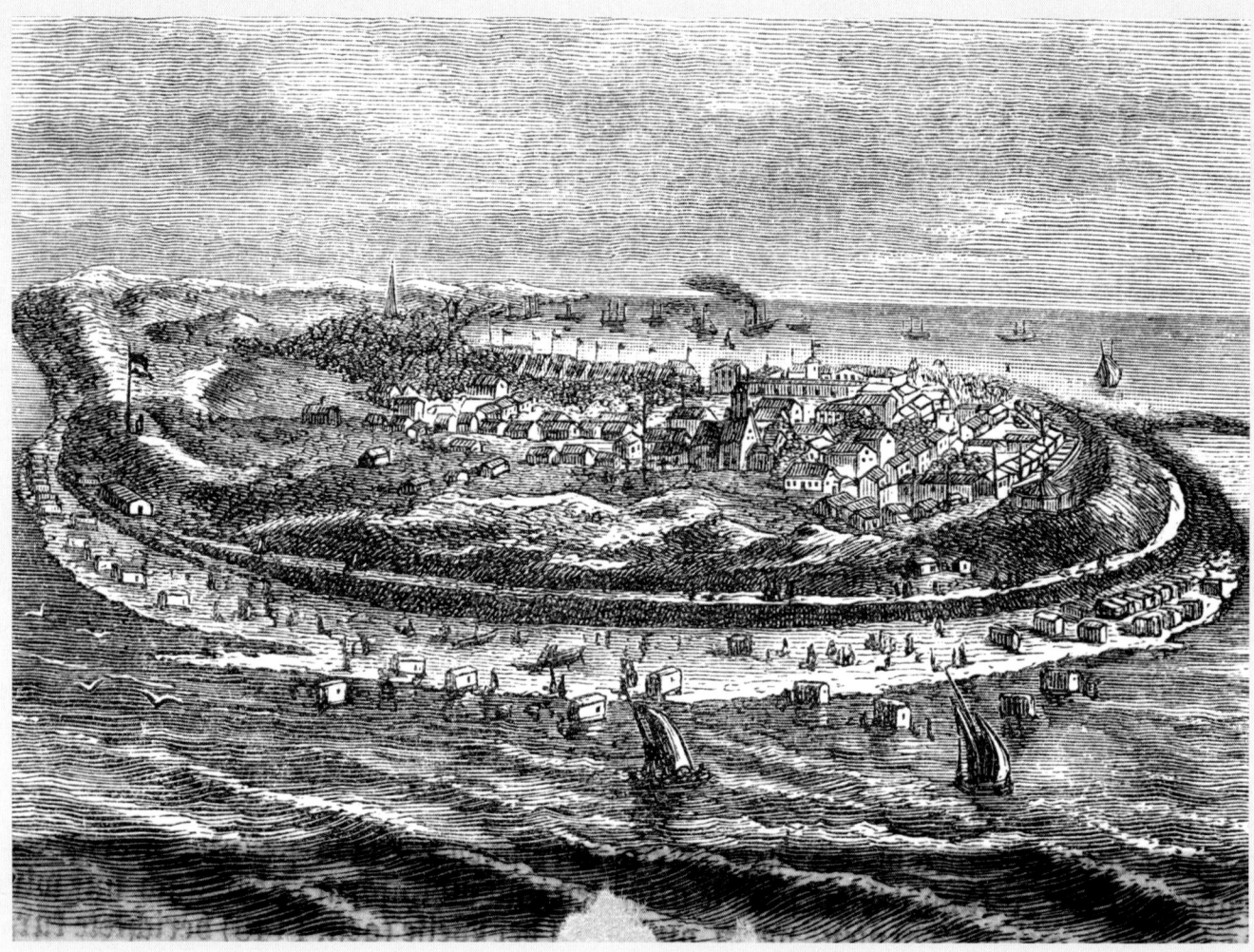

Von eisiger Hand gepackt Die Erreichbarkeit der Friesischen Inseln ist im Winter oft eingeschränkt. Zwar ist die Nordsee von den Inseln aus in Richtung offenes Meer frei, zwischen Festland und den Inseln ist sie jedoch in dieser Zeit häufig mit dickem Eis bedeckt. Der Fährverkehr nach Norderney, der zweit-größten der Ostfriesischen Inseln, kann trotzdem meist aufrechterhalten werden. Der Verbindung von Norddeich und Norderney kommt das hier tiefe Fahr-wasser zugute, sodass sie in der Regel durchgängig befahrbar ist. Einige der kleineren Friesischen Inseln indessen müssen die Fährverbindung zum Festland im Winter vorübergehend unterbrechen. Bei sehr harter Witterung kann dies jedoch auch Norderney treffen.

Norderney – Strandkörbe
Vom Badekarren zum Doppelsitzer

1900 In der Zeit um die Wende zum 20. Jahrhundert sieht man zwischen den traditionellen Badekarren bereits die ersten Strandkörbe. Als die betagte, an Rheuma erkrankte Rostockerin Elfriede Maltzahn den Warnemünder Korbmacher Wilhelm Bartelmann (1845–1930) damit beauftragte, einen Strandsessel anzufertigen, der sie vor Wind und Wasser schützen sollte, ahnte noch niemand die famose Entwicklung dieses Sitz- und Liegemöbels. 1882 war der erste einsitzige Strandkorb, zunächst „Strandstuhl" genannt, geboren. Der Doppelsitzer folgte auf dem Fuß. Bald erreichte die Entwicklung auch Norderney.

1895 standen schon 1000 Strandkörbe auf der Insel. Viele Handwerker haben das Ursprungsmodell seitdem weiterentwickelt. So gab es bald Kreationen mit Fußstützen, Armlehnen, Seitentischen und 1897 den ersten sogenannten Halblieger, dessen Rückenlehne sich um 45 Grad nach hinten klappen ließ. Ein Einsitzer kostete damals 40 Reichsmark, ein Doppelsitzer passenderweise genau das Doppelte.

Nicht mehr wegzudenken Heute ist der Strandkorb für die Feriengäste an der norddeutschen Küste ein Muss. Er schützt vor allem vor der zumeist recht kühlen Brise des Nordwinds. Auch in der 1969 auf Norderney erbauten Strandkorbhalle an der Weißen Düne sind die bequemen Sitz- und Liegegelegenheiten zahlreich vertreten. Insgesamt stehen heute an den deutschen Küsten mehr als 50 000 Doppelsitzer. Aus dem ersten Strandstuhl haben sich bis heute zwei dominierende Formen entwickelt: Der Strandkorb in der Ostseeregion ist eher rund und geschwungen, an der Nordsee, so auch auf Norderney, findet

man eckigere, schlichtere Modelle. Auch die Preise haben sich verändert: Ein – etwa 70 Kilogramm wiegender – Strandkorb schlägt heute mit zwischen 500 und 5000 Euro zu Buche.

Norderney – Hafen
Vom Fischereihafen zum imposanten Fähr- und Sporthafen

Um 1850 Bereits Mitte des 19. Jahrhunderts bestanden mehrfach wöchentliche Fährverbindungen zwischen Norddeich, Bremen, Bremerhaven, Emden, Leer und Norderney. Zu den Raddampfern gesellten sich an der damaligen Anlegestelle vorrangig Schaluppen der Angelschellfisch-Fischerei, Kauffahrteiboote und eigens für die Wattfahrt konstruierte Frachtfahrschiffe. Mit dem Bau einer eisernen Landungsbrücke (1871) entstanden die ersten Hafenanlagen. Zwei Jahre später wurde ein Fährdamm zur Landungsbrücke errichtet. Zwischen 1880 und 1882 wurden die Hafenanlagen wesentlich erweitert, 1889 kam ein Schutzhafen für Fischereifahrzeuge hinzu. Bald konnten die Gäste mehrmals täglich nach Norderney gelangen und dort von Fischern angebotene sogenannte Lustfahrten in Segel- und später in Motorbooten genießen.

Inselhafen mit modernem Flair Norderneys gezeitenunabhängiger Hafen in annähernd heutiger Gestalt entstand im Jahr 1913. 40 Jahre später wurde für den Beginn des Autofährenverkehrs eine spezielle Anlegebrücke errichtet. Gleichzeitig eröffnete der 1925 gegründete Segelverein seine erste Bootsliegehalle am Hafen. 1971 schaffte man durch einen Schwimmanleger im Segelhafen 100 zusätzliche Liegeplätze. In den Jahren 1978 und 2000 entstanden neue Bootshäuser. Heute präsentiert sich Norderneys Hafen mit zwei Fährbrücken für die großen Autofähren der bereits seit 1871 bestehenden Reederei „Norden Frisia", einer Fußgängerbrücke, einer Personenbrücke und einem großen Hafenbecken für Sportboote und Yachten. Eine moderne Steganlage bietet rund 300 Liegeplätze. Die Fähren befördern jährlich mittlerweile fast zwei Millionen Gäste.

Norderney – Strandpromenade
Vom Inselschutzwerk zur Flaniermeile

1900 Zwischen 1885 und 1900 fanden auf Norderney umfassende Maßnahmen zum Inselschutz statt. Durch diese Uferschutzarbeiten wurde die Insel von nun an nicht nur vor den Fluten des Meeres im Norden, Westen und Südwesten geschützt, sondern es wurde gleichzeitig ein Bauwerk der besonderen Art geschaffen: Das Seebad Norderney bekam eine Strandpromenade. Bereits 1889 erhielt die Flaniermeile elektrische Beleuchtungsanlagen, und das 1891 erlassene Radfahrverbot brachte den schlendernden Gästen Ruhe. Entlang der Promenade entstanden zahlreiche Restaurants und damals so genannte

„Giftbuden". Diese „Giftbuden" waren die Vorläufer der Strandbars und schenkten „Gift" in Form von einfach gebrannten Kümmelschnäpsen an frierende Besucher aus. Nach den Sturmfluten der Jahre 1962 und 1974 musste die Promenade neu geschaffen werden.

Norderney, Strandpromenade

Breiteste Strandpromenade der Nordsee Die heutige Strandpromenade erstreckt sich vom Hafen über den Weststrand und an der Nordseite der Insel entlang bis hin zum Nordstrand. Sie gilt als breiteste der Nordsee. An ihrer Westspitze liegt Marienhöhe. Georgshöhe markiert das östliche Ende der Promenade. Auf Höhe der Kaiserwiese führt sie vorbei an Hochhäusern, Strandkörben und breiten Wiesenstreifen. Die Promenade wird durch ein fast fünf Kilometer langes Bollwerk geschützt, das seit 2001 von der Milchbar bis zum Nordbad Schritt für Schritt saniert wurde. Bei den Arbeiten achtete man besonders auf die bauliche Harmonie mit dem Stadtbild. So verwendete man Natursteine wie Granit oder Sandstein sowie auf die Farbe des Sandes abgestimmte Betonsteine und Klinker. Die Erneuerungsmaßnahmen konnten sich in den November-Sturmfluten der Jahre 2006 und 2007 bewähren.

Langeoog – Blick vom Kap
Friesen- und Fischerhäuschen weichen Einkaufsstraßen, Hotels und Lokalen

Nordseebad Langeoog   Blick vom Kap

1910 Nach schweren Sturmfluten siedelten sich erst ab 1840 wieder neue
Bewohner auf Langeoog an. Jedoch sorgte die wütende See auch dafür, dass
sich der wirtschaftliche Aufschwung nur sehr müßig entwickelte. Erst Mitte
des 19. Jahrhunderts kamen die ersten Badegäste – vorrangig Geistliche,
Lehrer und Offiziersfamilien – nach Langeoog. Die Konventsmitglieder des
Klosters Loccum errichteten 1885 ein Erholungshospiz mit Platz für 100 Gäste,
übernahmen von der Gemeinde das Seebad mit dem gesamten Inventar und
kurbelten so den Kurbetrieb entscheidend an. 1927 nahm die Langeooger
Kurverwaltung den Badebetrieb und das Fährgeschäft in die eigenen Hände.
Langsam stellte man sich auf den Tourismus ein und erste Hotels und Pensio-
nen mischten sich unter die alten Friesenhäuser.

Kaum wiederzuerkennen Heute erinnern fast nur noch die kleine Inselkirche von 1859 und die größere aus dem Jahr 1890 an frühere Tage. Nachdem Langeoog 1949 zum staatlich anerkannten Nordseeheilbad wurde, setzte, um den wachsenden Besucherzahlen gerecht zu werden, ein regelrechter Bauboom ein. Die alten Friesen- und Fischerhäuschen verschwanden insbesondere in den 1960er- und 70er-Jahren weitestgehend von der Bildfläche. Die neuen Häuser wurden größer und nahezu einheitlich verklinkert. Im Ortskern entstanden neben neuen Einkaufsstraßen auch diverse Cafés, Restaurants, Teestuben, Kneipen, Tanzlokale und viele Sport- und Freizeiteinrichtungen. Mittlerweile verzeichnet man auf Langeoog jährlich fast 1,5 Millionen Übernachtungen.

Wangerooge – Leuchttürme der Insel
Vom Alten zum Neuen Leuchtturm

1970 Der Alte Leuchtturm am Ostende von Wangerooge wurde bereits 1856 in Betrieb genommen und sorgte für sichere Fahrt, bis 1969 das Feuer erlosch. Nach dem Bau eines neuen Leuchtturms war man ziemlich ratlos, was mit dem alten geschehen sollte, denn aus wirtschaftlichem Blickwinkel war er überflüssig. Zunächst wurde er als Geschenk angeboten. Nur wollte niemand die jährlichen Unterhaltskosten in Höhe von 8000 DM tragen. Als der Abriss drohte, regte sich jedoch massiver Protest. Bürgeriniti-

ativen ist es zu verdanken, dass die Gemeinde Wangerooge den Turm für den symbolischen Wert von 1 DM kaufte und ihn als Aussichtsplattform und Sitz des neuen Heimatmuseums den Insulanern und ihren Besuchern zur Verfügung stellte. Seit 1996 kann man hier auch – in luftiger Höhe von 30 Metern und nach erfolgreicher Erklimmung der 146 Stufen – in Deutschlands erstem Leuchtturmstandesamt heiraten. Eine Idee, die schon Tausende Heiratswillige anzog und viele Nachahmer fand!

Technik statt Menschen Als sich das Jadefahrwasser auszudehnen begann, man für große Tanker eine tiefere Fahrrinne aushob und der Schiffsverkehr in der Deutschen Bucht vor und um Wangerooge immer turbulenter wurde, baute man 1966/67 einen neuen und höheren Signalapparat, der ein Jahr später seinen Betrieb aufnahm. Der 65 Meter hohe Neue Leuchtturm im Westen der Insel ist ganz aus Stahlbeton gegossen, und an der westlichen Turmseite befindet sich eine eingelassene Keramik, die die Insel Wangerooge und alle Leuchttürme ihres Seegebiets zeigt. Das rote Seefeuer leuchtet rundum und reicht 23 Seemeilen weit über die Nordsee. Einen Leuchtturmwärter sucht man allerdings vergebens: Gesteuert werden die Signale und Funktionen des Neuen Leuchtturms ausschließlich von der Verkehrszentrale in Wilhelmshaven aus.

Hallig Süderoog
Ohne menschliches Wirken wäre die Hallig längst verloren

2008 Süderoog, südwestlich von Pellworm gelegen, gehört zur Schutzzone 1 des Nationalparks Nordfriesisches Wattenmeer. Auf der einzigen Warft leben und wirken seit 1989 die Eheleute Matthiesen. Die beiden Halligwärter haben alle Hände voll zu tun. Sie betreiben eine ökologische Landwirtschaft, sorgen mit eigener Schaf- und Rindviehhaltung für eine gesunde Grasnarbe und kümmern sich zudem um etwa 30 Pensionskühe aus Pellworm. Aber genauso gehören Vogel- und Küstenschutz zu ihrem Aufgabenbereich, denn Süderoog ist ein wichtiger Lebensraum für Ringelgänse, Alpenstrandläufer und die Schnepfen-

vogelart Knutt. Und als wäre das nicht genug, vermieten die Matthiesens obendrein noch ein Gästezimmer. All ihre Besorgungen erledigen sie mit ihrem Boot, denn bei Flut ist das die einzige Verbindung zur Außenwelt.

Anwesenheit ist Pflichtprogramm Anfang des 18. Jahrhunderts besaß
Süderoog etwa 200 Hektar Fläche. Heute sind es nur noch 60. Die vorgelagerte
Sandbank Süderoogsand reichte als natürliches Schutzschild nicht aus. 1971
erwarb das Land Schleswig-Holstein die Hallig. Gemeinsam mit dem Verein
„Jordsand" fanden mit Deich- und Warfterhöhungen zahlreiche Maßnahmen
zum Vogel- und Küstenschutz statt. Doch schnell war klar, dass die Hallig dau-
erhaft nur gesichert werden konnte, wenn sie weiterhin bewirtschaftet wurde.
Erst durch einen Pächter vor Ort können kleinere Schäden in der Uferbefesti-

gung selbst behoben oder Schäden größeren Ausmaßes sofort festgestellt
und gemeldet werden. Ebenso sorgt die Viehhaltung für einen natürlichen
Inselschutz. Süderoog ist nunmehr nur noch mit genehmigten Führungen
zu betreten.

Hallig Nordstrandischmoor
Der Halligschutzplan zeigt große Wirkung

1983 Von den einst 16 Warften auf der Hallig Nordstrandischmoor bestehen nur noch vier. Erst mit dem Bau eines festen Steindamms 1926 konnte die Hallig vor weiteren größeren Landverlusten geschützt werden. Das 1960 ins Leben gerufene Sanierungsprogramm „Nord" zur Sicherung der Halligen hat insbesondere auf Nordstrandischmoor mit Neubauten und Warfterhöhungen zur Verbesserung der Lebensbedingungen geführt. Nur so konnten die Bewohner vor den verheerenden Folgen der Flut von 1962 bewahrt werden. Die Ziele des Halligschutzplans waren vor allem die Förderung von Landwirtschaft und Fremdenverkehr. So wurden Wege gebaut, Maschinen modernisiert, Verkehrsanbindungen verbessert und die Strom- und Wasserversorgung vom Festland aus gesichert. 1980 strömten schon 20 000 Besucher auf die kleine Hallig.

Existenz heute gesichert Auf den vier Warften Neuwarft, Amalienwarft,
Halberwegwarft und Norderwarft leben heute 18 Menschen. Die Hallig darf
zudem eine Gaststätte und eine Grund- und Hauptschule ihr Eigen nennen.
Der Schulbetrieb besteht schon seit Anfang des 19. Jahrhunderts, aber für die
damaligen Lehrer war die Anreise bei hohem Wellengang lebensgefährlich.
Erst 1926 entstand eine sicherere rund sechs Kilometer lange Lorenverbindung
zum Festland. Bis heute verkehrt die Diesellore mit 60 Zentimetern Spurbreite
bei Ebbe zwischen der Hallig und dem Beltringharder Koog, um Baumaterial
zum Inselschutz zu transportieren. Außerhalb dieser Zeiten dürfen die Einwohner mit ihren eigenen Loren über den Damm zum Einkaufen sausen. Bei Flut ist
Nordstrandischmoor nur mit dem Schiff erreichbar.

Sylt – Inselbahn
Von der Schmalspurbahn auf den Drahtesel

1970 Vor knapp 40 Jahren fuhr man auf Sylt noch mit der Inselbahn durch
die Westerheide: Bereits 1888 ging die Ostbahn in Betrieb und führte über
etwa 4,2 Kilometer von Munkmarsch nach Westerland. Mit dem Bau des
Hindenburgdamms wurde diese aber 1927 eingestellt. 1901 startete zudem
die 14,5 Kilometer lange Südstrecke von Hörnum nach Westerland. Der erste
nördliche Streckenabschnitt führte 1903 zunächst von Westerland nach
Kampen und wurde 1908 bis List auf 17,5 Kilometer erweitert. In beiden Welt-
kriegen baute man das Gleisnetz für militärische Zwecke aus und danach
wieder zurück. Die Inselbahn erfreute sich zwar ab 1950 durch ihr untypisches
Antriebssystem mit eigens dafür entwickelten Sattelschlepper-Leichttrieb-
wagen neuer Beliebtheit und gliederte sich an die Sylter Verkehrsgesellschaft
an, 1970 wurde der Betrieb allerdings wegen Unwirtschaftlichkeit eingestellt.

Zweirädriger Ersatz Mancher Sylter mag sie vermissen, wäre die Inselbahn heute doch zweifelsohne ein Touristenmagnet. Jedoch fahren auf Sylt jetzt Busse und dort, wo einst die Gleise in Nord-Süd-Richtung verliefen, zeigen sich nun malerische Rad- und Wanderwege. Die Trasse der Ostbahn ist längst dem Sylter Flughafen gewichen und auf der einst östlichen Strecke erinnert nur die „Bahnweg"-Straße an die frühere Inselbahn. Auch die alten Bahnhöfe sind von der Bildfläche verschwunden. Lediglich ein ehemaliger zweiständiger Lokschuppen in List, Gleisreste in der Nähe des Jugendheims Puan Klent und Bahnsteigkanten der ehemaligen Bahnhöfe Hörnum und Kampen zeugen noch von dem ungewöhnlichen Sylter Transportmittel.

Sylt – Westerland aus der Vogelperspektive
Von Besuchern fremder Orte zu Gastgebern für Fremde

1990 Westerland wurde von den ehemaligen Bewohnern des Ortes Eidum gegründet, nachdem dieser bei der Allerheiligensturmflut von 1436 zerstört wurde. Vierhundert Jahre später können die heutigen Insulaner selbst auf eine Tradition als Seefahrer zurückblicken. Durch die Beteiligung an Walfang und Handelsseefahrt auf deutschen, holländischen und dänischen Schiffen waren die Sylter ein wohlhabendes Volk geworden. Die Kontinentalsperre und der Englisch-Dänische Krieg beendeten diese erfolgreiche Ära jedoch vorerst in den Anfangsjahren des 19. Jahrhunderts. Als mit der Gründung der Badeanstalt 1855 der Fremdenverkehr begann, wurde er zunächst mit Argwohn als etwas betrachtet, das in das ru-hige Inselleben einbricht. Aber auch die Möglichkeit einer neuen Erwerbsquelle wurde gesehen und genutzt.

Dreh- und Angelpunkt Sylts Westerland ist seit Besitz des Stadtrechts 1905 die nördlichste Stadt Deutschlands und so etwas wie die heimliche Hauptstadt von Sylt. Der gewachsene Badeort hat das schmückende Prädikat „Nordseeheilbad" 1948 bekommen. Mit dem Beginn des Fremdenverkehrs begann auch der Bau von Gästeherbergen. Das erste Hotel, die „Dünenhalle", wurde 1857 eröffnet. Weitere Holzbauten folgten, bis 1880 mit dem Bau des ersten massiven Hauses begonnen wurde, der Villa Baur-Breitenfeld, die bereits 1919 wieder abgerissen werden musste. Die Energieversorgung auf Sylt wurde 1893 ermöglicht und steigerte das Ansehen des Ortes erheblich. Auch ein Fernsprechkabel zum Festland wurde 1897 verlegt. Eine Attraktion mit morbidem Charme ist der Friedhof für namenlose Opfer der See, „Heimstätte für Heimatlose" genannt, der sich gegenüber der Kirche „Sankt Christophorus" befindet. Er wurde 1854 vom damaligen Strandvogt gestiftet.

Sylt – Wenningstedt
Leben am Abgrund – ein Kliff im Wandel der Jahre

1988 Wenningstedts Küste steht exemplarisch für die unaufhaltsame Landabtragung durch Wind und Wellen. 1902 wurde auf dem „Roten Kliff", 100 Meter vom Strand entfernt, das Hotel „Zum Kronprinzen" errichtet. 1955 ragte ein Teil des Hotels schon über das Kliff hinaus und musste abgerissen werden. Viele Sturmfluten zwangen Hausbesitzer dazu, Bauten aufzugeben und weiter landeinwärts zu ziehen. Auch der größte Teil der Kurhaus-Strandhalle fiel 1983, nachdem sie zuvor schon zweimal in östliche Richtung versetzt worden war, der Erosion zum Opfer. Der noch übrige Teil wurde in den Neubau des Restau-

rants „Kliffkieker" integriert. Der „Kliffkieker" befindet sich mittlerweile selbst schon genau an der Kliffkante. Auch die Flut im Jahr 1988 und die Winterstürme 2006 haben zu weiteren Abbrüchen des Kliffs geführt.

Nach wie vor riskant Nunmehr zählt die eigenständige Gemeinde Wenningstedt etwa 1600 Einwohner. Das 1859 zum Seebad aufgestiegene Inseldorf liegt direkt an der offenen Nordsee. Besonders reizvoll wie gleichermaßen auch gefährlich ist seine Lage über dem „Roten Kliff", welches sich über 4,4 Kilometer bis nach Kampen erstreckt. Unterhalb des Kliffs liegt über die gesamte Länge des Ortes ein Badestrand, den man über einen Holzsteg und mehrere Treppen erreichen kann. Die Kurpromenade führt unmittelbar an der 30 Meter hohen Abbruchkante entlang. Eine gewaltige Treppenkonstruktion ermöglicht den Zugang zum Restaurant „Kliffkieker". Das Rote Kliff hat mit seiner weichen Konsistenz den Fluten nichts entgegenzusetzen, sodass Kliff, Strand und Treppen stetig von der Brandung angegriffen werden.

Sylt – Hörnum
Ein Räubernest mausert sich zum beliebten Badeort

1983 In früheren Jahrhunderten herrschten in den Dünen der Hörnumer Halbinsel raue Sitten. Hier waren die friesischen Freibeuter zu Hause. Wer Schiffbruch erlitt, rechnete eher damit ausgeraubt zu werden, als dass er Hilfe erwartete. Diese Gegend war seit jeher dünn besiedelt. Das änderte sich auch nicht, als die Insel Sylt vom Tourismus erschlossen wurde und Hörnum 1901 einen Hafen erhielt. Zwar wurde ein imposantes Bahnhofsgebäude errichtet, und durch die neue Verbindung mit der Südbahn wurden täglich viele Touristen von ihren Luxusdampfern nach Westerland transportiert, doch zählte man noch bis zum Ende des Ersten Weltkrieges lediglich 21 Einwohner in Hörnum. Mit der Errichtung eines Seefliegerhorstes und einer militärischen Siedlung während des Zweiten Weltkrieges wuchs die Bevölkerung erstmals sprunghaft. 1949 wurde Hörnum Nordseebad.

Entspannter Feriengenuss Hörnum ist bis heute ein beliebter Badeort geblieben. Den stetigen Landverlusten – Hörnum liegt an der schmalsten und der damit am meisten gefährdeten Stelle Sylts – wird durch Sandaufspülungen entgegengewirkt. Allein bis 1983 wurden hier 650 000 Kubikmeter Sand gelagert. Der Ort bietet dem Besucher einen stets lebendigen Hafen, von dem Ausflugsfahrten zu den Halligen und den nahen Inseln Föhr, Amrum oder Helgoland angeboten werden. Auch gibt es einen Leuchtturm zu besichtigen, der seit 1907 in Betrieb ist. Spaziergänge können auf dem Watt- oder auf dem Odde-Wanderweg genossen werden. Besonders zu empfehlen ist ein Besuch des Küstenabschnitts zwischen Hörnum und dem legendären In-Lokal „Sansibar", der zu den beliebtesten und bei Ebbe zu den schönsten Stränden Sylts zählt.

Sylter Vogelkojen
Erst gejagt, dann geschützt

1870 Abwechslung im Speiseplan war von jeher selten auf der kargen Insel Sylt. 1767 wurde daher nach holländischem Vorbild die erste Vogelkoje nördlich von Kampen eingerichtet. Was dem Namen nach gemütlich klingt, war tatsächlich eine Entenfanganlage. So eine Anlage bestand aus einem künstlichen Süßwassersee, meist quadratisch und etwa 60 mal 60 Meter groß, umgeben von einem ebenso künstlich angelegten dichten Wäldchen und schließlich aus den Fangpfeifen, vier an den Ecken befindlichen Seitenkanälen, an deren Enden sich Reusen oder Fangkästen befanden. Mittels zahmer Enten mit gestutzten Flügeln wurden durchziehende Wildenten angelockt und schließlich in die Fangpfeifen gelotst. Eine zweite Koje wurde in Rantum eingerichtet, von der heute nur noch der Süßwasserteich übrig geblieben ist. 1874 wurde die Eidumer Vogelkoje angelegt.

Die Eidumer Vogelkoje Sowohl die Rantumer als auch die Eidumer Vogelkoje waren noch bis Mitte der 1930er-Jahre in Betrieb und wurden dann zu Naturschutzgebieten erklärt. Um die Rantumer Vogelkoje kümmert sich heute der Sylter Verein Söl'ring Foriining. Hier lassen sich insgesamt 51 Brutvogelarten in aller Ruhe beobachten, aber auch viele Säugetiere, Kleintiere und Insekten sind hier zu Hause. Das den Teich umgebende Wäldchen ist heute seiner natürlichen Entwicklung überlassen. Mit der Betreuung des an der Eidumer Vogelkoje eingerichteten Informations- und Schulungszentrums ist der Verein Jordsand betraut. Das Zentrum enthält eine umfassende naturkundliche Sammlung von über 55 verschiedenen Brut- und Rastvogelarten. Eine fachkundige Führung durch die alte Entenfanganlage ist möglich und sehr zu empfehlen.

Hallig Gröde
Nach drohendem Ausverkauf wieder alles wie gehabt

Mitte der 1990er-Jahre Die Bewohner der Hallig Gröde waren das ganze Jahr über mit den Ausbesserungsarbeiten an den Deichen beschäftigt. Nebenbei vermieteten sie Appartements an Touristen. Aber bald befürchteten sie den Ausverkauf ihres Eilands an vermögende Ferienhausbesitzer, die sich für das intensive Leben auf der Hallig begeisterten und sich dort ein Domizil anschaffen wollten. Hallig Gröde zählt mit ihren zwei bewohnten Warften zu den kleinsten Gemeinden Deutschlands. Bei der immer währenden Gefahr von Sturmfluten wird jeder Bewohner und jede Hand dringend gebraucht. Urlauber, die nur zeitweilig auf der Hallig campieren, können diesen kontinuierlichen Schutz nicht gewährleisten. Deshalb schaltete sich damals auch der Landrat des Kreises Nordfriesland ein und forderte, den Verkauf der Häuser zu unterbinden.

Alles beim Alten Auf Hallig Gröde besteht in der Sommersaison eine immer noch konstant große Nachfrage von Seiten der Touristen. Und die Einwohner stehen den Einnahmen durch Tagestouristen und Feriengästen auch heute positiv gegenüber. Mehrere gemütliche Ferienwohnungen werden auf der Hallig vermietet, derzeit genau fünf an der Zahl – verkauft wurde bislang aber keine. Nach wie vor stehen auf dem Appelland, mit einem hohen Deich in Form eines Ringwalles umgeben, die fünf reetgedeckten Häuser. Dazu zählen die Knudswarft und die Kirchwarft mit der turmlosen Kirche und der Hallig-schule in einem langgestreckten Gebäude. Die Hallig ist nur während der kurzen Hochwasserzeit vom Festland aus zu erreichen. Vor allem diese para-diesische Ruhe und Abgeschiedenheit wirken auf Einheimische wie Touristen so anziehend.

Föhr – Hafen von Wyk
Von der Heimat der Seefahrer zum Ausflugsziel

1983 An den einst natürlichen Hafenplatz Wyks wurden erstmals um 1700 feste Hafenanlagen gebaut. Am 31. Oktober 1704 erhielt der Hafen Wyks die sogenannte „Hafengerechtigkeit". Fortan verhalfen Walfang und Robbenschlag dem Ort zu wirtschaftlicher Blüte. Als durch die Stadtväter beschlossen wurde, Wyk zum Seebad umzubauen, veränderte sich dieses nachhaltig. Auch mit der Erweiterung des Hafens in den 1960er-Jahren wurde ein großer lohnender Schritt in Richtung Tourismus getan. Am Hafen findet sich zur Besichtigung unter anderem ein Flutmarkenpfahl, der die Wasserstände vergangener Sturmfluten anzeigt. Der höchste Stand wurde 1825 mit vier Metern über mittlerem Hochwasser verzeichnet. Möchte der Besucher weiter zur Altstadt, die direkt an den Hafen grenzt, passiert er dabei den Deichdurchlass, der bei hohen Wasserständen geschlossen werden kann.

Immer in Betrieb Der Hafen Wyks teilt sich heute in vier Teile. Es gibt zum einen den Fährhafen, von dem aus die Fähren von und nach Amrum fahren. Die anliegende „Alte Mole", früher Anlegestelle für Autofähren, heute für kleinere Ausflugsschiffe, verbindet den Fährhafen mit dem Binnenhafen, wo Massengüter umgeschlagen werden. Den dritten Teil bildet der Fischereihafen. Hier sind die Wyker Fischereifahrzeuge, also Muschelfangfahrzeuge und Krabbenkutter, beheimatet. Im Sommer findet hier jeden Sonntag ein Fischmarkt statt und auch sonst wird diese Pier gerne für Veranstaltungen aller Art genutzt, wie zum Beispiel Muschel- und Krabbentage, das Hafenfest und Musikveranstaltungen. Schließlich gibt es noch den Sportboothafen, der als einer der schönsten Häfen an der Westküste Schleswig-Holsteins gilt.

Föhr – Wyker Landungsbrücke
Nach den Seefahrern kamen die Hobbyskipper

Um 1900 Im Südosten der Insel Föhr liegt die Hafenstadt Wyk, die im 17. Jahrhundert gegründet wurde und deren Name soviel wie „Bucht" bedeutet. In den Zeiten der Seefahrer und Walfänger steuerten immer mehr Kapitäne diese günstig gelegene Stelle der Insel an, und man baute am Sandwall bald darauf ein Haus für die Seemannsausrüstung. 1704 entstand der Hafen, in dem Anfang des

19. Jahrhunderts die ersten Sommergäste eintrafen. Mit der offiziellen Ernennung 1819 wurde Föhr zum ältesten Seebad Nordfrieslands. Von 1842–1848 legte die dänische Königsfamilie regelmäßig an den Landungsbrücken an. Nach dem Tod des dänischen Königs Christian VIII. (1786–1848) wurde es aufgrund des Popularitätsverlustes ziemlich ruhig im und am Wyker Hafen.

Heute ist Trubel am Strandhafen Schon ab 1860 zog es wieder mehr Urlauber auf Föhr, das – von anderen Inseln und den Halligen geschützt – über ein sehr mildes Klima verfügt. Seit Mitte des 20. Jahrhunderts wuchsen die Besucherzahlen kontinuierlich an. Der 15 Kilometer lange Sandstrand lädt genauso zum Verweilen und Badespaß ein wie das Meerwasserwellenbad. Auch der Hafen hat sich seitdem ordentlich gemausert. Denn Wyk, seit 1954 zum Nordseeheilbad gekürt, wollte diesem Titel schließlich gerecht werden. So wurden alle Hafenanlagen modernisiert. Von See- und Mittelbrücke aus darf sogar geangelt werden. Neben dem Fähranleger ist ein geräumiger Yachthafen mit 200 Liegeplätzen errichtet worden, in dem auch Segelschiffe Platz finden.

Amrum – Wittdün aus der Vogelperspektive
Von den ersten Überlegungen zum modernen Hafen

1976 Amrums „neuer" Hafen ist schon seit über 50 Jahren in Betrieb. Neben den alten Inseldörfern Steenodde, Süddorf, Nebel und Norddorf gründete sich 1889 das Dorf Wittdün. Damit fiel der Startschuss für den Badebetrieb. In Wittdün entstanden bald ein Hotel sowie eine Landungsbrücke, aus welcher der heutige Fähranleger hervorging. Die Bucht vor Steenodde war seit jeher Amrums Ankerplatz. Aber einen Hafen mit dem heutigen Erscheinungsbild gab es vor 100 Jahren noch nicht. Neben dem alten Ankerplatz vor Steenodde lag zwischen der Sandbank Kniepsand und der Inselküste um 1930 zudem der Kniephafen, eine Anlegestelle für Austernfischer und Küstenschiffe. Diese versandete jedoch durch das Zusammenwachsen von Kniepsand und Amrum mehr und mehr und musste aufgegeben werden.

Tonnenweise Betrieb im Hafen Erst Anfang des 20. Jahrhunderts kamen die
Baupläne für einen Tonnen- und Zufluchtshafen in der Bucht zwischen Wittdün und Steenodde auf den Tisch. Der Hafen sollte zunächst als Bau- und Lie-
gehafen für Fahrzeuge dienen, die Anfang der 1920er-Jahre für die Errichtung
des Hindenburgdamms benötigt wurden. 1928 wurden die Tonnen von Steenodde nach Wittdün in den Seezeichenhafen umgelagert. Den bis dahin privat
betriebenen Tonnenleger löste 1984 ein größeres staatseigenes Schiff ab. Derzeit werden weit mehr als 300 ausliegende Seetonnen, davon 49 Leuchtton-
nenpositionen, von Wittdün aus bearbeitet. Südlich des Tonnenhofs befindet
sich ein geräumiger Sportboot- und Yachthafen mit etwa 50 Liegeplätzen für
Boote von Gästen und Einheimischen. Steenodde besitzt darüber hinaus eine
Anlegestelle für Kleinboote.

Hallig Hooge
Der Weg zu einem modernen Leben auf der Höhe

1984 Waren es 100 Jahre zuvor noch dreimal so viele Halligbewohner, zählte die zweitgrößte der Halligen Mitte der 1980er-Jahre nur noch rund 130 Einwohner. Schwere Sturmfluten hatten den Menschen hier immer mehr von ihrem Lebensraum geraubt. Aber einige Einwohner ließen sich nicht vertreiben. Sie erbauten einen niedrigen Deich, warfen Erdhügel, sogenannte Warften, auf und verharren seither hartnäckig auf erhöhter Ebene inmitten des Meeres. Da allerdings der Meeresspiegel immer noch unaufhörlich steigt, werden auch die Warften laufend erhöht. 1959 bekam die Hallig Hooge endlich Strom vom Festland. Der Anschluss an das Wassernetz erfolgte 1970. Damit waren nicht nur die Lebens- und Arbeitsbedingungen verbessert, sondern auch der Startschuss für den Fremdenverkehr war gefallen: In den 1980er-Jahren kamen bereits jährlich 100 000 Tagesgäste nach Hooge.

Touristen sind fasziniert Heute hat die Hallig Hooge die Nase in Sachen Tourismus ganz weit vorn. Auf die etwa 110 Bewohner auf den neun Groß-warften kommen nunmehr schon bis zu 1000 Ausflügler täglich. Für die Über-nachtungsgäste werden rund 350 Gästebetten und Unterkünfte bereitgehal-ten. Auf Hooge liegen Geschichte und Gegenwart eng beieinander. So können die Besucher in der alten Kirche aus dem Jahr 1636, im Halligmuseum sowie im Königspesel, einer alten Friesenstube aus dem 18. Jahrhundert, in die Ver-gangenheit reisen. Wer es lieber modern mag, kann sich im Sturmflutkino die Macht des Meeres vor Augen führen, das naturkundliche Informationszentrum „Schutzstation Wattenmeer" erleben, den kleinsten Supermarkt Deutschlands besuchen oder in einer der sieben gemütlichen Gaststätten einkehren.

Verheerende Auswirkungen Der Blick fällt auf herabgestürzte Wohnhäuser auf Sylt, die während der großen Sturmflut von 1962 von den Fluten mitgerissen wurden. Bei der Katastrophe vom 16. Februar 1962 starben 315 Menschen, davon alleine 200 in dem Hamburger Stadtteil Wilhelmsburg.

Naturschutz und Umwelt

Im Einklang mit der See Bestimmendes Element der Friesischen Inseln ist das Meer. Landverluste und -gewinne durch Sturmfluten und Eindeichungen und ein aktives Erleben der Gezeiten prägten bereits seit dem ersten Deichbau im 11. Jahrhundert den Alltag der Inselbewohner. Dennoch sind die Friesen zwar der Laune der Natur ausgesetzt, aber sie stehen ihr nicht hilflos gegenüber: Zahlreiche Dünenschutzprogramme und Artenschutzprojekte sorgen heute dafür, dass die Nordsee nicht noch mehr Land verschlingt und dass Schutzgebiete für die zahlreichen Tierarten des Wattenmeeres erhalten bleiben.

Borkum – Strandgut
Von kostbar bis gefährlich – Muschelsammler

Um 1900 Der Großteil der Kurgäste begab sich früher auf Schatzsuche. Borkums Strandlandschaft verfügt über allerlei Meeresgetier, das sich bei Ebbe bewundern lässt. Herzmuscheln, soweit das Auge reicht, Kolonien von Sandklaffmuscheln, Miesmuschelbänke, Schnecken, verschiedene Krebsarten und nicht zuletzt der Wattwurm waren und sind an Borkums Küste zu Hause. Aber damals schwemmte die Nordsee noch ganz andere Kostbarkeiten an Land. Gäste wie Einwohner hielten darum auch stets Ausschau nach Teilen der bei Piraterie und Seeschlachten zerborstenen oder versenkten Schiffe. Insbesonde-

re Holz war auf Borkum rar und damit sehr wertvoll. Da kam so manch angespülter Schiffsmast gerade recht. Die Kurgäste dagegen hofften viel eher auf einen richtigen Schatz oder auf romantische Flaschenpost.

1994: Giftbeutel statt Flaschenpost Auch jetzt noch bringt die Nordsee
allerhand Treibgut an die Borkumer Küste. Jedoch fahren die Schiffe der Neu-
zeit mit weitaus gefährlicheren Ladungen über die Meere. Neben der alltäglichen Bedrohung durch Öl- und Schwefelverpestung gehen bisweilen auch
ganze Giftcontainer über Bord. So geschehen im Dezember 1993, als der
französische Frachter „Sherbro" bei Sturm 88 Container voller Apron plus,
einem gefährlichen Pestizid, verlor. Nachdem 130 000 dieser Giftbeutel auf
einer Sandbank südlich der holländischen Insel Texel auftauchten, wurde am
22. Januar 1994 auch Borkums Hauptstrand von der Umweltorganisation
Greenpeace abgesucht. Die Einheimischen nehmen den Umwelt- und Inselschutz bitter ernst, denn er ist die Grundlage ihrer gesamten Existenz.

Memmert
Der alte Beobachtungsposten mausert sich zum schmucken Reetdachhaus

Alter Beobachtungsposten 1966 Die ersten Bemühungen zum Vogelschutz auf Memmert begannen 1888. Weniger als 20 Jahre später war das Betreten der Insel im Sommer tabu. Da Vogelschießen damals noch ein beliebter Freizeitsport war, setzte man 1921 einen Inselvogt als ganzjährigen Wachposten ein, inklusive neuem Wohnhaus. 1957 wurde ein neues Haus errichtet. In den darauffolgenden Jahren ereigneten sich mehrere Dünenabbrüche, sodass der Bau in den Norden umgesetzt werden musste. Seit Anfang der 1980er-Jahre verkleinert sich Memmert. Hauptursache hierfür sind veränderte Strömungen, Sandwanderungen und sich häufende Sturmfluten. Das Haus von 1957 sowie der alte Leuchtturm stehen schon im Wasser. Ebenso liegt der alte Betonunterstand zur Vogelbeobachtung aus den 1960er-Jahren sicherlich längst unter Sand begraben.

Wangerooger Küstenschutz
Fast 135 Jahre Einsatz machen sich bezahlt

2003 Überall steht „Betreten verboten!", denn Trittschäden bieten dem Wind einen Angriffspunkt. Der Dünensand wird weggetragen und das Meer könnte so ein- und durchbrechen. Wangerooge hat sich aus einer Sandbank entwickelt und ist durch Meer und Wind immer in Bewegung von West nach Ost. Von 1650 bis 1850 wanderte der Westteil um etwa 800 Meter gen Osten. Erste Inselschutzwerke entstanden bereits 1874. Von Krieg und neueren Sturmfluten gezeichnet, übernahm von 1945 bis 1947 zunächst das Seewasserstraßenamt und dann das neu gebildete Wasser- und Schifffahrtsamt Wilhelmshaven den Küstenschutz auf Wangerooge. Für die landeseigenen Deiche ist das Staatliche Amt für Insel- und Küstenschutz von Ostfriesland zuständig. Die unermüdlichen Initiativen zum Inselschutz sind enorm wichtig, da sie die Verbindung mit den Dünen und die gleichbleibende Lage der Insel sichern.

Die Dämme halten Der Dünengürtel im Osten der Insel war gerade wieder instandgesetzt, als am Freitag, 9. November 2007, meterhohe Wellen an Wangerooges Küsten schlugen. Die höchsten Wasserstände der schweren Sturmflut an der niedersächsischen Nordseeküste waren bereits am Freitagnachmittag erreicht worden. Nach Angaben des Niedersächsischen Landbetriebes für Wasserwirtschaft, Küsten- und Naturschutz (NLWKN) wurden auf den Inseln rund 2,5 Meter über dem mittleren Hochwasser gemessen. Dass keine schwereren Schäden entstanden, war den Initiativen und Investitionen zum Inselschutz durch den NLWKN zu verdanken. So wurden auf Wangerooge in jüngster Vergangenheit 43 000 Kubikmeter Sand und zudem 7000 Tonnen Wasserbausteine zur Sicherung von Strand und Dünen nachgerüstet und ein 900 Meter langer Steindamm im Strand repariert.

Hallig Norderoog
Vogelschützer schon seit 1907 aktiv

1980er-Jahre Im 17. und 18. Jahrhundert fanden sich auf der Hallig Jordsand in der Nähe von Sylt noch mehrere Besiedlungshügel, Warften genannt, die aber nach und nach den Sturmfluten zum Opfer fielen. Als 1895 die letzte Warft überschwemmt wurde, verschwand die Hallig von der Landkarte. Doch geblieben ist eine mehrere Quadratkilometer umfassende Sandbank, die das Zuhause verschiedenster Seevögel ist. Dieses Seevögelreservat wurde zum ersten Vogelschutzprojekt, dem sich der 1907 in Hamburg gegründete Verein „Jordsand" widmete und so seinen Namen bekam. Schnell hat er sich zu einer der wichtigsten Küsten- und Umweltschutzverbände in Norddeutschland entwickelt. Über 3000 freiwillige Helfer setzen sich für den Erhalt der nunmehr 23 Schutzgebiete zwischen den Inseln Sylt, Helgoland und Rügen ein.

Internationale Helfer auch auf Norderoog
Die Sturmflut 1825 vertrieb den bis dahin letzten Einwohner von der Hallig Norderoog. Die Seevögel allerdings gaben ihr Revier nicht auf. 1909 kaufte der Verein „Jordsand" die Hallig und erklärte sie zum Vogelschutzgebiet. Auf Norderoog sind heute 14 Vogelarten heimisch, sechs davon gehören zu den vom Aussterben bedrohten Arten. Der erste Vogelwart auf Norderoog war ein Däne, der 1875 in einer abenteuerlichen Hütte hauste. Seit 1996 gibt es eine weitaus stabilere Blockhütte. Erst durch den Einsatz von unzähligen Freiwilligen, darunter vielen Jugendlichen aus 25 Nationen, konnte das westliche Ufer gesichert werden. Unermüdlich wurden Steindeckwerke errichtet und aus unzähligen Holzpfählen kilometerlange Lahnungen gebaut.

Sylter Bunker
Aus der „Festung Sylt" wurden Disco und Restaurant

1989 Die letzten Stürme legten im Frühjahr 1989 an der Küste frei, was für
Jahrzehnte unter Sand verborgen gewesen war. Der Bunker, ehemals nördlichs-
ter Verteidigungspunkt der Wehrmacht, war wie viele andere Befestigungsan-
lagen in den letzten Jahren des Zweiten Weltkrieges entstanden. Bis zu 2000
Zwangsarbeiter und Soldaten errichteten Bunker zur Lagerung von Maschinen
und Munition sowie Mannschafts-, Beobachtungs- und Sanitätsbunker. Am
8. April 1945 wurde Sylt offiziell zur Festung erklärt und war für jeden Besu-
cherverkehr gesperrt. Mit dem bald darauf folgenden Ende des Krieges wurden
die Betonbauten zunächst zur Unterkunft für Flüchtlinge und ausgebombte
Großstädter. Die teilweise heute noch sichtbaren Bauten wurden noch bis ins
Jahr 1960 vom Staat verwaltet.

Zweckentfremdet im positiven Sinn Im März 2008 legte das Orkantief „Emma" am Strand von Hörnum erneut einen Bunker frei. Der starke Wellengang trug Teile der tragenden Dünenkante ab, sodass er schließlich haltlos auf den Strand kippte. Einige andere erhaltene Bunker Sylts jedoch sind inzwischen in Privatbesitz übergegangen, auf der Mieteinnahmenliste des Bundesvermögensamtes jedenfalls steht heute keiner mehr. Sie werden inzwischen von Händlern als Lager oder in einem Fall als Diskothek einer Hamburger Kinderfachklinik genutzt. Die legendäre Gaststätte „Kupferkanne" in Kampen beispielsweise wurde in einer teilweise unterirdisch liegenden ehemaligen Flakstellung eingerichtet. Jene Bunker, die teilweise zerstört waren oder keine andere Verwendung fanden, wurden mit der Zeit von der Bundeswehr gesprengt und beseitigt.

Sylt – Blick aufs Meer von der Westerländer Strandpromenade
Das friedliche und das wütende Gesicht der See

1930 Urlauber genießen an der Strandpromenade Westerlands auf Sylt im Sommer die milden Wassertemperaturen oder beobachten das bunte Treiben am Strand. Ganz anders sieht das Bild im Herbst aus, wenn die Ruhe der Bewohner und Besucher durch Sturmfluten gestört wird. Wenn ein Sturm aus westlicher Richtung auf die Insel trifft, bedeutet das außergewöhnlich hohe Wasserstände, die die flachen Marschen zu überfluten drohen. Einige der großen Fluten sind in den Chroniken Sylts erwähnt: die Mandränke des Jahres 1362, die Allerheiligenflut im Jahr 1436 und beinahe 100 Jahre später die zweite Mandränke. Im 18. Jahrhundert forderte die Weihnachtsflut rund 12 000 Tote entlang der Nordseeküste, 1825 wütete die Februarflut und auch im 20. Jahrhundert verwüsteten immer wieder Stürme zahlreiche Gebäude an der Nordseeküste.

Mitten im Sturm Durch Regenkleidung zwar gegen die Nässe, nicht aber gegen die Wucht der Brandung geschützt, ist diese Frau auf ihrem Weg über die Westerländer Promenade. Sie befindet sich mitten im Orkantief „Kyrill", das das Festland im Januar 2007 mit Windstärken von bis zu 150 Stundenkilometern traf, dessen Flut mit 2,5 Metern über Normalnull jedoch niedriger als befürchtet ausfiel. Trotz Schutzmauern und anderen modernen Maßnahmen gegen den ständig drohenden Landverlust und die Zerstörung der Häuser kann die Verwüstungsmacht des Meeres auch heute nicht vollständig eingedämmt werden. Immerhin haben die Bemühungen der Vergangenheit um Deichverstärkung und -verkürzung sowie um den Küstenschutz dazu beigetragen, das Leben vieler Bewohner der Insel zu bewahren. Das letzte Menschenleben auf Sylt forderte die Sturmflut im Jahr 1923.

Sylt – Rotes Kliff bei Kampen
Problemfall und Paradies für Geologen

1934 Das zwischen Wenningstedt und dem Haus Kliffende in Kampen verlaufende Rote Kliff wurde vor etwa 180 000 Jahren von Gletschern der Eiszeit aufgeschoben. Der Geschiebelehm enthält Eisen, das sich in der Verbindung mit Sauerstoff färbt. Insbesondere im Abendlicht leuchtet daher die Abbruchkante rot auf. Die 4,5 Kilometer lange Formation ist in besonderem Maße der zerstörerischen Kraft des Blanken Hans ausgesetzt, doch nicht nur Sturmfluten, auch Abwaschungen durch Regen und frostbedingte Absprengungen setzen ihm zu. Jedes Jahr verliert Sylt auf diese Weise zwischen einem und vier Meter Land. Schadensbegrenzung wird seit 1972 durch Sandaufspülungen versucht. 1979 wurde das Rote Kliff mit der angrenzenden Heidelandschaft zum Naturschutzgebiet erklärt.

Beliebtes Ferienziel Das Rote Kliff ist ein berühmtes und beliebtes Ferienziel, nicht nur für Spaziergänger und Romantiker, auch für geologisch Interessierte, denn die geologische Struktur ist nach Wasserunterspülungen und anschließenden Abbrüchen deutlich zu erkennen. Sie zeigt unter anderem eine bis zu drei Millionen Jahre alte Schicht aus Kaolinsand, die vermutlich aus Mittelskandinavien in die Nordsee gespült wurde. Die Geschiebelehmschicht aus der Zeit vor 180 000 Jahren enthält zudem viele verschiedene Gesteinsarten auch aus Norwegen und Schweden. An vielen Stellen ist die Schichtung zwischen Kaolinsand und Geschiebelehm deutlich als waagerechte Linie wahrzunehmen. Auf dem Roten Kliff ist auch der Kampener Leuchtturm zu finden, der natürlich den Namen des Kliffs trägt.

Sylt – Von Westerland nach Wenningstedt
Entwicklung der Kurpromenade

1981 Die Flaniermeile am Strand von Westerland wurde 1879 erbaut. Zunächst war sie lediglich aus Holz und wurde bereits 1911 von einer Sturmflut und einem Großfeuer zerstört. Um 1913 wurde daher eine steinerne Uferschutzanlage angelegt, die zunächst 574 Meter maß und 1924 auf 800 Meter verlängert wurde. Heute erstreckt sich die Kurpromenade über drei Kilometer am Strand Westerlands entlang. Nach Wenningstedt gelangt der Spaziergänger, indem er am Ende der Promenade ein Stück über den Strand geht und schließlich die asphaltierte Straße auf den Dünen Richtung Norden nimmt.

Diese Straße nahm, wie auf dem Bild deutlich zu erkennen ist, im November des Jahres 1981 großen Schaden an einer Sturmflut. Große Stücke des Asphalts hat das Meer einfach mit sich gerissen.

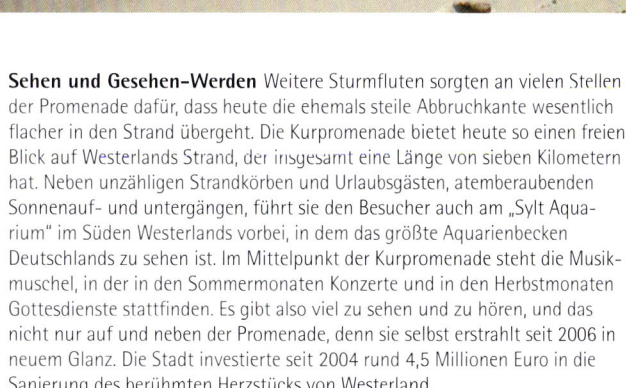

Sehen und Gesehen-Werden Weitere Sturmfluten sorgten an vielen Stellen der Promenade dafür, dass heute die ehemals steile Abbruchkante wesentlich flacher in den Strand übergeht. Die Kurpromenade bietet heute so einen freien Blick auf Westerlands Strand, der insgesamt eine Länge von sieben Kilometern hat. Neben unzähligen Strandkörben und Urlaubsgästen, atemberaubenden Sonnenauf- und untergängen, führt sie den Besucher auch am „Sylt Aquarium" im Süden Westerlands vorbei, in dem das größte Aquarienbecken Deutschlands zu sehen ist. Im Mittelpunkt der Kurpromenade steht die Musikmuschel, in der in den Sommermonaten Konzerte und in den Herbstmonaten Gottesdienste stattfinden. Es gibt also viel zu sehen und zu hören, und das nicht nur auf und neben der Promenade, denn sie selbst erstrahlt seit 2006 in neuem Glanz. Die Stadt investierte seit 2004 rund 4,5 Millionen Euro in die Sanierung des berühmten Herzstücks von Westerland.

Sylt – Haus Kliffende in Kampen
Die sichere Promi-Herberge rückt an den Abgrund

1984 Das Gästehaus Kliffende auf dem Roten Kliff bei Kampen wurde 1923 von dem Architekten Walther Baedecker erbaut. Nach dem frühen Tod ihres Mannes übernahm die einstige Schauspielerin Clara Tiedemann die Leitung des Hauses, das in seiner Geschichte viele bekannte Persönlichkeiten beherbergte, unter anderem den Schriftsteller Thomas Mann mit seinem Sohn Klaus, der später einmal Bürgermeister von Kampen sein sollte, den Verleger Ernst Rowohlt sowie den Maler Emil Nolde. Mit dem zunehmenden Näherrücken des Kliffs wurde das Haus mehr und mehr bedroht. 1955 erwarb es die Deutsche Bank, die es zunächst als Gästehaus für ihre leitenden Angestellten gebrauchte. Seit 1977 befindet sich Kliffende im Besitz mehrerer wohlhabender Privatiers.

1996 Die Erhaltung des Roten Kliffs und damit des Hauses Kliffende hat eine lange Geschichte. Sturmfluten hatten immer wieder an dem Sandpolster vor dem Kliff genagt. Der Versuch, mittels Zäunen die Abtragung des Strandes zu verhindern, indem sich der Sand darin fangen sollte, scheiterte. 1990 wurden diese Zäune vom Meer vernichtet. Die Deutsche Bank finanzierte daraufhin den Küstenschutz durch Geotextilien. Diese mit Sand gefüllten Polyestersäcke wurden auf 160 Metern Länge etwa sechs Meter hoch vor dem Kliff gestapelt und dann mit Sand bedeckt.

2000 10 Jahre später hatte das Meer das Sanddepot erneut komplett weggespült, sodass wieder hohe Wellen am 30. Januar 2000 vor die Küste des Hauses Kliffende schlagen können. Mit Böen bis zu 137 Stundenkilometern tobte sich der Orkan „Kerstin" auf Sylt aus und riss erneut Stücke von der beliebten Ferieninsel mit sich.

Trügerischer Frieden Durch die bisherige Erhaltung von Kampens Küstenlandschaft ist eine markante Landzunge entstanden, an deren Spitze der noch 30 Jahre zurückliegende Verlauf der Küste zu erkennen ist. Unsicher ist derzeit, wer künftig für erhaltenden Küstenschutzmaßnahmen rund um das Haus Kliffende verantwortlich sein soll: Die Privateigentümer und die Gemeinde Kampen streiten noch darüber, aus wessen Tasche in Zukunft das Geld für den Schutz des Hauses vor dem Absturz ins Meer stammen soll.

Sylt – Tetrapoden am Strand von Hörnum
Der Versuch, die Landverluste einzudämmen, ist gescheitert

1988 Im marokkanischen Casablanca wurden einst sechs Tonnen schwere Betonklötze mit vier „Beinen" entwickelt, die die Hafenmole befestigen sollten. Sie werden Tetrapoden genannt, weil die Winkel der Beine ein imaginäres Tetraeder andeuten. Der Küstenschutz auf Sylt versuchte mittels Verlegung eben solcher Tetrapoden den Landverlust vor Hörnum und Westerland einzudämmen. Insgesamt wurden über 12 000 dieser Wellenbrecher auf ganz Sylt verlegt. Leider war der Versuch nicht erfolgreich. Nicht nur sahen die Klötze unnatürlich aus und verunstalteten so die schönen Sandstrände, der Sandabbau auf der Leeseite verstärkte sich auch noch um ein Vielfaches. Bei mehreren großen Sturmfluten, so zum Beispiel 1981, wurden viele Tetrapoden trotz ihrer Masse unterspült und versetzt.

Stetiger Landverlust Weil sie den Landverlust wider Erwarten beschleunig-ten, sind große Teile der in Hörnum verlegten Tetrapoden seit 2005 wieder abgetragen worden. Zwischen Rantum und Hörnum hat Sylt heute lediglich noch eine Breite von einigen hundert Metern, die Dünenkette ist an vielen Stellen stark geschädigt. Besonders gefährdet ist die südlichste Spitze Sylts, die Hörnumer Odde, die heute ein Naturschutzgebiet ist. Hier beispielsweise wurde 1940 ein Leuchtturm mit 180 m Abstand zur Abbruchkante gebaut. Über die Jahre vergrößerte sich der Abstand aufgrund von Strömungen zunächst wieder, im Jahre 1979 aber stand der Leuchtturm so dicht an der Abbruchkante, dass er im Sturm auf den Strand stürzte. In den nächsten Jahren gingen weiterhin viele Meter Dünen verloren, bis man den Turm nur noch bei Ebbe im Meer liegen sah.

Sylt – Wenningstedt
Gestern wie heute: Gaumenfreuden am Rande des Abgrunds

1983 Die Gemeinde Wenningstedt erstreckt sich von der Westküste bis zum östlich gelegenen Braderup und liegt etwa drei Kilometer nördlich von Westerland. Direkt am Roten Kliff gelegen sind die Wenningstedter Gebäude dem ständigen Landverlust besonders stark ausgesetzt. 1928 zum Beispiel wurde das nur neun Jahre früher erbaute „Strand-Café" abgerissen, da während einer Sturmflut so große Teile des Kliffs weggespült wurden, dass das Café halb in der Luft hing. In den Fünfziger Jahren dann musste das Hotel „Zum Kronprinzen" gesprengt werden. Auch die abgebildete „Kurhaus-Strandhalle" hat eine bewegte Geschichte. Sie wurde 1924 etwa 150 Meter südlich des „Strand-Cafés" errichtet und während ihres Bestehens mehrere Male von der Abbruchkante weggesetzt. Bei einer Sturmflut im Januar 1983 wurde sie stark beschädigt und man bildete aus ihren Resten den heutigen „Kliffkieker".

Fisch und Meer Der heute überaus erfolgreiche Gastronom Jürgen Gosch, der das „Gosch am Kliff" direkt neben dem einsturzgefährdeten „Kliffkieker" in Wenningstedt errichten ließ, fing ganz klein an. Er verdiente ursprünglich sein Geld als Bauarbeiter auf Sylt, begann dann aber, mit einem Korb Aale, Krabben und Heringe an den Stränden zu verkaufen. Drei Jahre später baute er seine ersten Buden in List, Wenningstedt und Westerland und wurde schließlich sesshaft. Nun begann er, die ersten Restaurants auf Sylt zu bauen, von denen es heute bereits mehr als zehn gibt. Auch expandierte Gosch in viele deutsche Großstädte, die von der firmeneigenen Produktions- und Vertriebsstätte aus Schleswig-Holstein versorgt werden. Die größte Wahrscheinlichkeit, den umtriebigen Geschäftsmann persönlich anzutreffen, ist in seiner ersten Bude, der nördlichsten Fischbude Deutschlands, in List. In Wenningstedt hingegen trifft man sich jeden Abend direkt am Kliff, um bei Pinot Grigio und Goschs Backfischbrötchen den Sonnenuntergang über dem Meer zu verfolgen.

Pellworm
Von der Landwirtschaft zur Energiegewinnung

1981 Um die steinerne, noch 25 Meter hohe Ruine des alten Kirchturms herum erstrecken sich große Acker- und Weidefelder. Durch intensive Deichbauarbeiten über Jahrhunderte hinweg brachte die Insel schon immer fruchtbaren Boden hervor. Neben Dienstleistungsunternehmen und produzierendem Gewerbe hat sich zwar längst auch das Tourismusgeschäft verankert. Jedoch lebt der Hauptteil der Bevölkerung seit jeher von der Landwirtschaft. Der Strukturwandel in Richtung Urlaubergeschäft führte schon manchen Kleinbauern in den Bankrott. Fast alle Insulaner mussten zumindest nebenbei Gäste einquartieren. Seit der Gründung des Vereins „Ökologisch Wirtschaften" (1990) arbeitet man auf Pellworm intensiv an der Entwicklung und Umsetzung alternativer Konzepte zum ökologischen Landbau.

Mit Sonnenkraft Scharen von Feriengästen nutzen Jahr für Jahr Pellworms natürliche Energiequellen, um aufzutanken. „Und was die Urlauber können, können wir auch", dachten sich wohl damals einige kluge Köpfe der Energiewirtschaft. 1983 war das Ergebnis in Form eines in Betrieb genommenen Hybridkraftwerkes sichtbar. Es ist das größte dieser Art in Europa und speist eine Energieleistung von über 1000 Kilowatt in das Stromnetz ein. Mit der Kombination aus Solarzellenfeldern und Windkrafträdern ist es gelungen, trotz jahreszeitbedingter Einschränkungen von Sonne und Wind eine kontinuierliche Gewinnung erneuerbarer Energie sicherzustellen. Vielfältige Optimierungs- und Baumaßnahmen waren hierfür nötig und wurden 2006 abgeschlossen.

Hallig Südfall
Klare Signale: Die Menschen gingen, die Vögel blieben

1981 Bis Anfang des 19. Jahrhunderts war Hallig Südfall noch von Menschen bevölkert. Bei der Sturmflut 1825 kamen jedoch alle noch verbliebenen Einwohner ums Leben. Danach ging das Eiland zunächst in Privatbesitz über und wechselte mehrmals den Eigentümer. Mitte des 20. Jahrhunderts wurde Hallig Südfall vom Land Schleswig-Holstein gekauft und später verpachtet. Seit 1959 steht die Hallig, die bereits zwei Jahre zuvor durch den freiwilligen Einsatz des Vereins „Jordsand" unterstützt worden war, unter Naturschutz. 1979–2000 war die Hallig noch ganzjährig von einem Küstenschützer-Ehepaar bewohnt. Das war sicher kein einfaches Wohnen, denn von der Hallig wird immer noch bis zu etwa dreißig Mal jährlich „Land unter" gemeldet.

Auch heute strenge Regeln Die Hallig misst heute 56 Hektar. Die massiven
Sicherungen der Ufer sind zwingend notwendig, denn Südfall erfüllt gleich
zwei wichtige Funktionen. Zum einen dient sie der Insel Nordstrand als Wellenbrecher und schützt damit deren Küste. Und zum anderen ist sie Natur- und
Vogelschutzgebiet der höchsten Kategorie. Auf dem Eiland steht jetzt ein
Haupthaus mit Stallgebäude, das nur noch während der Sommersaison vom
Halligwart bezogen wird. Von Nordstrand aus kann man mit einer Pferdekutsche nach Hallig Südfall gelangen. Allerdings wurde mittlerweile fast über die
gesamte Hallig eine „Betreten verboten!"-Zone verhängt. Lediglich eine etwa
15 Kilometer lange Strecke darf außerhalb der Brutzeit und nur unter Führung
eines Küstenschützers erkundet werden.

Repräsentatives Gebäude Der Stahlstich zeigt das Logir- und Conversations-
haus auf Norderney um 1860, das mit seiner Fläche von über 3000 Quadratmetern inmitten vieler kleiner Fischerhäuser zentraler Anlaufpunkt und Kern
des insularen Lebens war.

Veränderungen in den Stadtbildern

Klein und fein Vor allem die zahlreichen Gäste, die jedes Jahr ihre Ferien auf einer der Friesischen Inseln verbringen, sorgten dafür, dass sich im Laufe der Jahrzehnte viele Dörfer in quirlige Kurstädte verwandelten. Dennoch haben die meisten Orte ihren Friesendorfcharme nicht eingebüßt: Auf vielen Inseln gibt es Vorschriften, wie hoch ein Neubau in den Himmel ragen oder wie nah eine Siedlung an ein Dünenschutzgebiet grenzen darf. So bleibt sichergestellt, dass auch künftige Generationen noch das typische Inselflair genießen können.

Borkum – Strandhäuser
Schon 20 000 Kurgäste flanieren auf Borkum

1905 Noch im 18. Jahrhundert war Borkum ein idyllisches kleines Inseldorf. Mensch und Tier lebten damals zusammen unter einem Dach, in den sogenannten Gulfhäusern. Die Insulaner waren weitestgehend arm, auch wenn der Walfang zu Beginn des 18. Jahrhunderts kurzzeitigen Wohlstand mit sich brachte. Schon damals wussten die Borkumer mit viel Einfallsreichtum die Schätze der Natur für sich zu nutzen. Wer sonst wäre auf die Idee gekommen, Hausgartenzäune aus Walkieferknochen zu konstruieren? Die wenigen, von unzähligen Seeschlachten zurückgekehrten Kapitäne und Kommandeure steckten ihr Vermögen zwar in den Bau von imposanten Wohnhäusern und öffentlichen Gebäuden, doch der eigentliche Bauboom begann erst später.

Vom Fischerdorf zum Seebad Ein Gulfhaus aus vergangenen Tagen findet man heute allenfalls noch im Heimatmuseum Dykhus. Mit Beginn des 20. Jahrhunderts mussten die meisten alten Gebäude und Straßen dem Tourismus weichen. Denn schon die erstmals im Jahre 1850 gezählten 252 Gäste zogen einen Schlafplatz in einem Hotel dem neben einer Kuh vor. Mittlerweile buchen jährlich mehr als eine Viertelmillion Urlauber und Kurgäste einen Aufenthalt in Borkums modernen Hotels, Pensionen oder Appartementhäusern. Hier und dort findet sich aber durchaus noch historische Architektur. So der alte Leuchtturm, der 1879 in Brand geriet, aber heute noch ein beliebtes Ausflugsziel und Ort zum Heiraten ist. Schwer vorzustellen, dass der 1879 erbaute und fast 64 Meter hohe neue Leuchtturm gleich hinter der Strandpromenade einst inmitten von Dünen stand.

Borkum – Meerwasserhallenbad und Kurzentrum
Seit den 1970er-Jahren kräftig modernisiert

1978 Bereits 1970 hatte die Insel weit mehr zu bieten als Sonne, Meer und Strand. Das Kurmittelhaus und zudem Europas größtes und modernstes Meerwasserhallenbad öffneten ihre Türen. Allein das Schwimmbecken misst 50 Meter in der Länge und 25 Meter in der Breite. Damit gehörte Gedränge beim Schwimmen der Geschichte an. Nach fast zehnmonatiger Bauzeit wurde 1977 das Kurhaus mit Veranstaltungszentrum feierlich eingeweiht. Auf dem Gelände verteilt standen damals noch 25 verwahrloste Bunker aus Kriegszeiten, in denen Borkum als Seefestung diente.1978–1979 begrub man die Kriegsruinen

unter künstlich aufgeschütteten Dünen. So ist zwischen Haus Lüderitz und Kurzentrum ein überaus ansehnlicher Dünenpark entstanden.

Jetzt noch moderner Am 17. August 2005 wurde die neue Freizeit- und Erholungsanlage „Gezeitenland" mit Kurhaus, Kurmittelhaus, angrenzendem Dünenpark und Meerwasserhallenbad offiziell eingeweiht. Das Erlebniszentrum ist architektonisch einem Dampfer nachempfunden. Die riesige Angebotspalette für Badevergnügen, Wellness und Freizeit verteilt sich über drei Etagen beziehungsweise Decks. Im unteren Stockwerk finden sich der Praxen- und Wellnessbereich, Geschäfte und Fitnessräume. Darüber liegt die Schwimmhalle inklusive Außenbecken und Surfanlage. Auf dem Oberdeck kann man sich in der Saunaanlage oder auf einer der großen Terrassen so richtig entspannen. Die Umbau- und Modernisierungsmaßnahmen erforderten eine Investition in Höhe von 17,4 Millionen Euro.

Borkum – Musikpavillon
Buntes Treiben in und an der Wandelhalle

NORDSEEBAD BORKUM.　　　　　　　Beim Musikpavillon.

Anfang 19. Jahrhundert 1910–1912 wurde die 200 Meter lange Wandelhalle am Strand erbaut, in der sich 2000 Menschen gleichzeitig aufhalten konnten. Ab 1917 wurden um die Halle Außenjahrmärkte veranstaltet. Mit der Errichtung der ersten Meerwasser-Trinkkurhalle 1936, gastronomischen Einrichtungen und später sogar einer Spielbank entwickelte sich die Wandelhalle schnell zum Zentrum des gesellschaftlichen Geschehens. Die eigentliche Strandpromenade entstand erst 1927. Zwei Jahre später konnten die Inselgäste bereits mit der Borkumer Kleinbahn zwischen der oberen Strandpromenade und den Norddünen pendeln. Die meisten aber flanierten die Promenade im Schritttempo entlang, um mit jedem Atemzug das gesunde Hochseeklima zu tanken.

Der Musikpavillon steht heute noch Die ersten Kurkapellen ab 1902 konzertierten unter freiem Himmel an wechselnden Standorten bei Wind und Wetter. Das war manchmal eher eine Tortur, als eine Kur, sowohl für die Musiker als auch für die Ohren der Inselgäste. Deshalb dachten die Borkumer ganz umsichtig und bauten 1911 einen Musikpavillon mitten auf die Strandpromenade. Dort steht er noch heute. Die Konzertsaison geht von Mai bis September, und so liegt alljährlich an vielen Abenden klassische Musik in Borkums Meeresluft. Die Wandelhalle wurde zwischen 1997 und 1999 unter strengen Vorschriften des Denkmalschutzes renoviert und dann namentlich als Kurhalle am Meer wiedereröffnet.

Juist – Ostdorf
Trotz stetigen Wachstums bewahrt sich die Insel ihre Ruhe

Anfang des 20. Jahrhunderts Schon immer ging es sehr ruhig in Juists Siedlungen zu. Im 17. Jahrhundert existierten auf der Insel gerade einmal 22 Haushalte. Da das Meer unbarmherzig weiter Richtung Süden drängte, mussten die ersten Häuser auf Juist allerdings immer wieder verlegt werden. Mitte des 18. Jahrhunderts schritt die Umsiedlung weiter voran. Bald bildeten sich zwei Hauptwohngebiete. Das eine im Westen um den heutigen Ortsteil Loog, das andere am südöstlichen Teil der Insel um den Hauptort Juist, auch Ostdorf genannt. Das Urlaubergeschäft entwickelte sich anfangs zwar nur schleppend, aber der beginnende Kurbetrieb brachte dennoch Hotels, Kureinrichtungen sowie neue Arbeitsplätze und damit Einwohner auf die Insel. 1934/35 sowie zwischen 1949 und 1951 wurden einige neue Siedlungshäuser gebaut, um die entstandene Wohnungsnot zu beheben.

Mit Pferden zum Ziel Inzwischen leben zwar bereits etwa 1900 Einwohner auf Juist, aber auch heute noch kann man die herrliche Ruhe in den Siedlungen förmlich spüren. Dies dürfte vor allem daran liegen, dass sich auf der Insel kein einziges Motorengeräusch hören lässt, denn Juist ist eine komplett autofreie Zone. Stattdessen kann man überall das Geklapper von Pferdehufen vernehmen. Denn, was auf Juist von A nach B befördert werden muss – ob nun Passagiere und deren Koffer oder Handelsgüter aus aller Welt – wird ausschließlich mit Pferdegespannen transportiert. Zu diesem Zweck besitzt Juist

ein überaus gut funktionierendes Fuhrbetriebsnetz. Alle Aufgaben, vom Getränkevertrieb über den Hafenumschlag bis hin zum Personentransport, werden von sieben großen Fuhrbetrieben mit ihren Planwagen und Pferdeomnibussen gemeistert.

Norderney – Bazargebäude
Aus dem eleganten Kaufhaus wird ein Verwaltungsgebäude

Um 1860 1858 wurde genau an dem Standort, an dem zuvor Händler vom Festland ihre Waren in selbstgezimmerten Bretterbuden verkauft hatten, das Bazargebäude am Kurplatz erbaut. Im oberen Geschoss des zweistöckigen Gebäudes befand sich das Logierhaus „Bazar", das von der Badeverwaltung betrieben wurde, im unteren Stock eine größere Anzahl von Läden. Im Stil der Zeit wurde auf Eleganz gesetzt. Der Kunde konnte hier alles nur erdenkliche kaufen, von alltäglichen Gebrauchsgegenständen bis hin zu Souvenirs für die Daheimgebliebenen. 1920 wurde das Backsteingebäude zum ersten Mal grundrenoviert.

Im Gleichschritt mit der Zeit 2005 wurde das Bazargebäude nochmals komplett renoviert und erhielt seine heutige Gestalt. Seit der Beendigung der Bauarbeiten im Dezember dient es nicht länger als Kaufhaus, sondern als Verwaltungsstandort des Rathauses und der Staatsbad Norderney GmbH. In den neuen Räumen befinden sich zudem das Kurcafé und die NorderneyCard-Information. Wie so viele Bereiche zuvor hat die Modernisierung inzwischen auch die Kur erreicht. So ersetzt die NorderneyCard die bis 1997 übliche Kurkarte und ist zugleich Fährticket und Service-Karte, mit der der Besucher beispielsweise schon von zu Hause aus Tickets buchen kann. Auch die Kontrollen am Strand und an den Promenadenzugängen sind durch die NorderneyCard hinfällig geworden.

Norderney – Strandpromenade
Von der Kaiserstraße zur Bademetropole

1900 Der Badebetrieb mit teils hochkarätigem Publikum aus Deutschland, Frankreich, Russland und Schweden hat die Architektur angekurbelt und seine Spuren hinterlassen. Und doch fand die touristische Prägung oft hinter den Türen statt. Norderneys imposante Gebäude und Fassaden blieben Zeugen aus Gründerzeiten und geschichtlichen Epochen. Die heutigen Seefronten an Kaiser- und Viktoriastraße existieren schon seit 1882, mussten aber infolge der Sturmfluten oft umgestaltet werden. 1895 wurde der Seesteg vor der Kaiserstraße gebaut und in den folgenden zwei Jahrzehnten jeweils im Herbst demontiert und im Frühling neu errichtet. Die Tennisplätze an der Kaiserstraße, Baujahr 1894, gehören zu einer der ersten Anlagen auf deutschem Boden. Vier Jahre später wurde dort das erste Bäder-Tennis-Turnier ausgetragen.

Heute größtes Seebad Norderney, heute größtes Seebad an der niedersächsischen Küste mit 6000 Einwohnern, empfängt jährlich 400 000 Badegäste.
Zwischen Kaiserstraße und Viktoriastraße sind viele, überwiegend weiße Hotel-
anlagen sowie zahlreiche Appartementhäuser und Ferienwohnungen entstanden. Aber insbesondere am Weststrand sind nach wie vor klassizistische
Prachtbauten aus der Zeit, als Könige, Adlige und Künstler auf der Insel ver-
weilten, erhalten geblieben. Ebenso das 1822 errichtete Kurhaus im Zentrum
der Insel. Am Fuße der Georgshöhe kann man die Ferien in im alten Stil errichteten Kapitänshäusern verbringen. Auch in der Viktoriastraße erinnert die im
Jahr 2006 renovierte und wiedereröffnete „Alte Teestube" an früher. Längst
sind weitere Tennisanlagen mit Kunstrasen und Hallenplätzen hinzu gekommen.

Norderney – Luisenstraße
Ein schlichter Badeort wandelt sich zum Weltbad

1850 Die Luisenstraße, die Mitte des 19. Jahrhunderts die westliche Grenze Norderneys bildete, bezauberte wie die ganze Insel vor allem durch ihre Schlichtheit. Damals galt das Nordseebad zwar als „Bad höherer Klassen", es durfte jedoch kein luxuriöser Badeort erwartet werden. Eine bescheidene, gesunde Bewirtung mit geselliger Unterhaltung und die Befriedigung der physischen und ästhetischen Bedürfnisse der Kurgäste hingegen war hier Standard. Erst mit dem Bauboom im letzten Drittel des 19. Jahrhunderts wuchsen die Häuser inklusive der Baulandpreise in die Höhe. Für Norderney brachen goldene Zeiten an. Mit den hellen Häusern der Gründerzeit wurde die Insel eleganter und exklusiver und zu einem „Mode- und Weltbad", das auch preußische Fürsten gerne besuchten.

Bewahrung von Kulturgut Betrachtet man die Insel vom Meer aus, so fällt die geschlossene Bebauung am Westende besonders auf. Die hellen Gebäude scheinen geradezu aus dem Wasser aufzusteigen. Auch die Luisenstraße hat an Helligkeit und Freundlichkeit bis heute nichts verloren. Die Hotels und Gästehäuser in der Nähe des Westbadestrands und der Kureinrichtungen sind äußerst beliebt, können sie doch die Ruhe und den Komfort bieten, die der Besucher in den Ferien braucht und wünscht. Ungewöhnlich viele historische Gebäude haben auf Norderney die diversen Sturmfluten überstanden. Sie konservieren den alten Charme dieser Stadt und erinnern an vergangene Zeiten. Zu verdanken ist dies auch den zahlreichen Initiativen zur Erhaltung der hübschen Häuser. So ist beispielsweise auch die Fassade des Sanddornhauses in der Luisenstraße 11 inzwischen denkmalgeschützt.

Baltrum – Alte Schule
Von der Schulpastorei zum technisch modernen Lehrinstitut

19. Jahrhundert Noch im 19. Jahrhundert wurden die Kinder und Jugendlichen auf Baltrum von den hiesigen Pastoren, die gleichzeitig auch Lehrer waren, in den Kirchen unterrichtet. 1825 war das Gebäude mit der Hausnummer 42 noch der Standort der Schulpastorei. 1888 wurde das alte Haus abgerissen und an gleicher Stelle neben der alten Kirche und der Inselglocke ein neues Schulgebäude errichtet. In diesem Gebäude fanden sich in den folgenden 60 Jahren die Baltrumer Lehrer und Schüler zum Unterricht zusammen. 1937 wurde das Schulgebäude aufgegeben, nach Kriegsende jedoch einige Jahre lang wieder in Betrieb genommen. 1959 schließlich verlor das Gebäude seine einstige Bestimmung als Schule und machte zunächst Baltrums Feuerwehr Platz. Zum heutigen Wohnhaus wurde das frühere Schulgebäude erst 1981 umgebaut.

Neues Haus, moderner Unterricht Bald entstand ein neues Schulgebäude im Westdorf Nr. 109. Hier nun fand die neue Schule ihr endgültiges Zuhause. In den 1950er- und 60er-Jahren wurde die Schule, deren Schulhof direkt hinter dem Deich liegt, erstmalig erweitert. Von den rund 530 Einwohnern auf der Insel Baltrum sind heute etwa 50 im schulfähigen Alter. Die Kinder werden in der kleinen Inselschule von sechs Lehrern in doppelzügigen Klassen unterrichtet. Dabei lernen jeweils zwei Jahrgänge zusammen von der ersten bis zur zehnten Klassenstufe. Die Grund- und Hauptschule Baltrums mit Orientie- rungsstufe ist zwar klein, aber mit Laptops ausgestattet technisch durchaus auf dem neuesten Stand. Auch der erweiterte Realschulabschluss kann in der idyllischen Schule am Watt erworben werden.

Baltrum – Alte Inselkirche
Wie die alte Kirche zu ihrer Glocke kam

19. Jahrhundert Die alte Kirche im Westdorf wurde im Jahr 1826 errichtet.
Es war bereits das vierte Gotteshaus auf der kleinen Insel, nachdem die drei
Vorgängerkirchen den zahlreichen Sturmfluten zum Opfer gefallen waren.
Auch die neue evangelisch-lutherische Kirche konnte die Zeit nur durch mehr-
fache Verlegung ins Landesinnere überstehen. Wie auch in anderen Gemeinden
üblich, war das Kirchengebäude eher klein und bescheiden gehalten und besaß
keinen eigenen Glockenturm. Als aber an Baltrums Küste ein niederländisches
Segelschiff strandete, und der Sturm bald darauf die dazugehörige aus dem
Jahr 1786 stammende Schiffsglocke anspülte, zögerten die Inselbewohner
nicht lange: Sie errichteten auf dem Kirchhof ein einfaches Holzgestell, in dem
sie die Glocke aufhängten und hatten von nun an eine eigene und zudem ganz
besondere Kirchenglocke.

Heute eine Attraktion Die alte Inselkirche gilt als zweitälteste Kirche auf den ostfriesischen Inseln und gehört heute zu den Sehenswürdigkeiten des Dorfes. Der hölzerne Glockenturm hat sich inzwischen längst zum Wahrzeichen der Insel entwickelt. Die Kirche wird jedoch nunmehr nur noch montags und freitags für sommerliche Abendandachten, Trauungen oder Taufen genutzt. Mit Zunahme des Urlauberbetriebs nach dem Ende des Ersten Weltkrieges musste zwischen 1929 und 1930 eine größere Kirche errichtet werden, deren Turm 1964 erhöht und um zwei weitere Glocken ergänzt wurde. Während die alte Kirche lediglich 50 Menschen Platz bietet, fasst die neue Kirche bis zu 300 Personen.

Langeoog – „Abtei"
Wechselvoller Weg von der „Giftbude" zur Galerie

Ende 19. Jahrhundert Um vor allem Pastoren, Lehrern und Offizieren eine Heilkur an der Nordsee zu ermöglichen, stießen die Konventsmitglieder des alten Klosters der Stadt Rehburg-Loccum in Niedersachsen bei ihrer Suche nach dem idealen Erholungsort auf die Insel Langeoog. Hier bauten sie 1885 ein Hospiz. Im selben Jahr wurde eine „Abtei" ganz anderer Art erbaut. Die offene hölzerne „Giftbude", also Gaststätte und somit erste Ausgabe einer Strandhalle auf der Insel Langeoog, hatte ihren Namen ihrem damaligen Oberkellner zu verdanken, der den Betrieb für das Kloster Loccum verwaltete und deshalb den Spitznamen „Abt" trug. 1891 wurde die Umtrunkstätte wegen der Gefahr einer Unterspülung in erweiterter Form im Landesinneren neu aufgebaut.

Farbe statt Fusel Nachdem auch die neue Strandhalle – wie in der Folgezeit auch viele ihrer Nachfolger – einer Sturmflut zum Opfer gefallen war, erhielt Langeoog 1954 seine fünfte und bis heute vorläufig letzte Strandhalle. Aus der ursprünglichen hölzernen „Giftbude" wurde hingegen in den 1950er-Jahren zunächst ein Tanzlokal, in dem regelmäßig Kapellen aufspielten. In den 1960er-Jahren verwandelte man das Lokal in eine moderne Diskothek, deren Ruf bis weit über Langeoog hinaus reichte. Heute stehen am Standort der einstigen „Giftbude" das Wohnhaus und die Galerie „Atelier am Meer" des Langeooger Malers Anselm Prester (* 1943).

Sylt – Westerland
Vom Friesendorf zum mondänen Seebad

Um 1900 Schon die erste Bäderepoche nach Zulassung des Seebades 1855 verwandelte das eher schlichte Dorf langsam in einen extravaganten Kurort. Zu den Friesenhäusern, die sich um die alte Kirche St. Niels rankten, gesellten sich bald öffentliche Bauten, Hotels und gastronomische Einrichtungen. Bereits 1857 entstand das erste Hotel, das 1992 jedoch abgerissen wurde. Das Hotel „Stadt Hamburg" an der Friedrichstraße, ein weißer Prachtbau der damaligen Bäderarchitektur, folgte 1869. Die Apotheke, das frühere Amtsgericht, die Alte Post und später auch das Kurhaus sind repräsentative Backsteinbauten aus dem Ende des 19. Jahrhunderts, und das Hotel „Miramar" (1903) entstand in Jugendstilbauweise. An der 1912 errichteten Promenade kokettierten damals noch luxuriöse Strandschlösschen mit Türmen und Erkern.

Willkommen in Westerland City Das einstige Dorfleben lässt sich nur noch in Alt-Westerland erahnen. Längst sind Friedrichstraße und Strandstraße zu Vergnügungsmeilen mit städtischem Flair avanciert. Auf dem Boulevard reihen sich neben exklusiven Boutiquen zahlreiche gastronomische Einrichtungen von A–Z aneinander. Die sechs Kilometer lange Strandpromenade lockt mit Leselounge, Strandkasino und der Musikmuschel, in der mehrmals täglich Konzerte stattfinden. In Strandnähe wurden viele alte Gebäude durch Betonbausünden aus den 1950er- und 60er-Jahren ersetzt, die man unter der Kategorie „hoch aber hässlich" fassen könnte. Aber 1971, als ein Appartementblock mit 28 Stockwerken gebaut werden sollte, reichte es den Insulanern. Mit Protest und Unterschriftensammlung wurde dieses Vorhaben gestoppt.

Sylt – Deichanlagen
Jahrhundertelanger Kampf gegen die Fluten

1887 Bei Gründung des Seebads Westerland und damit des ersten auf Sylt, wussten die damaligen Strandgänger bestimmt nicht, welchem Risiko sie sich aussetzten. Denn eine herannahende Sturmflut hätte die Stege mitsamt den darauf stehenden Kurgästen gnadenlos umgerissen. Sylt liegt mit der Breitseite quer zur Hauptangriffsrichtung für Wind und Wellen und war schon immer extremen Witterungen ausgesetzt. Der erste datierbare Deich von 1362 ist in einer folgenden Sturmflut restlos zerstört worden. Im 14. und 15. Jahrhundert wurde Eidum, der Vorläufer von Westerland, vom Meer überflutet. Erst 1936/37 wurde der schützende Nössedeich und Anfang des 20. Jahrhunderts eine 80 Meter lange Strandmauer fertiggestellt, die neu entstandene Hotels, Logierhäuser und Villen schützen sollte.

Mit teurem Sand zum Erfolg Zwar errichtete man seit 1867 mehrere hundert Buhnen am Weststrand, aber weder diese, noch Mauern, Tetrapoden-Wellenbrecher oder Deiche konnten Poseidon bezwingen. Ganz im Gegenteil: Der Sandabtrieb wurde dadurch teilweise sogar noch begünstigt. Seit 1970 rückt man den Fluten nun mit sehr kostspieligen Sandvorspülungen nach dänischem Vorbild zu Leibe. Spezialschiffe pumpten von 1972 bis 2007 gigantische 37,3 Millionen Kubikmeter Sand vom Meeresboden an die Strände und die davor liegenden Küstenabschnitte. Diese Methode hat sich bislang als einzige bewährt, um die Erosion wenigstens zeitweilig aufzuhalten. Und trotzdem raubt das Meer jedes Jahr etwa einen Meter Inselland. Die Sandaufspülungen müssen in regelmäßigen Abständen wiederholt werden, je nach Abtragungsgrad sogar jährlich.

Sylt – Munkmarsch
Einst bedeutender Hafen wird Opfer des Fortschritts

1880 An der Munkmarscher Schiffsanlegestelle herrschte rege Betriebsamkeit. Der alte Fischereihafen, zuvor schon Anlegestelle für die Postschiffe, gewann zunehmend an Bedeutung, als der Keitumer Hafen 1860 wegen Verschlickung aufgegeben werden musste. Nun legten täglich mehrere Fährschiffe, beladen mit Badegästen vom heute dänischen Festland, an. Von dort aus ging es per Droschken weiter oder ab 1888 auch mit der Sylter Inselbahn Richtung Westerland. Kapitän Andreas Andersen (1799–1879) ließ 1859 die 100 Meter lange Legatsbrücke erbauen. Zehn Jahre darauf wurde vom Kapitän Thomas Selmer (1837–1920) ein Gasthaus am Hafen errichtet, wo die Gäste sich vor der Weiterfahrt ausruhen und stärken konnten. Dieses leuchtend weiße Gasthaus entstand im für die damalige Zeit typischen Stil der Bäderarchitektur.

Jetzt klein und extravagant Mit dem Bau des Hindenburgdamms 1927
und der Entstehung des Hörnumer Hafens gingen die Passagierdampfer fortan
andernorts vor Anker. Der Munkmarscher Hafen verlor damit an Bedeutung.
Das alte Gasthaus wurde noch lange Zeit als Gaststätte betrieben, stand dann
leer und drohte zu verfallen. Ende der 1990er-Jahre wurde es durch Restaura-
tion gerettet, mit mehreren Anbauten ergänzt und ist damit als Zeuge vergangener Tage erhalten geblieben. Aus dem alten Gasthaus ist das heutige Fähr-
haus am Hafen hervorgegangen. Darin sind ein Nobelrestaurant und ein daran
angrenzendes Luxushotel mit Suiten und Wellnessbereich integriert. Der
gegenüberliegende, einst noch so betriebsame Hafen hat sich in eine kleine,
aber begehrte Anlegestelle für Segler und Surfer verwandelt.

Sylt – Westerländer Kurpromenade
Das Herzstück Westerlands im Wandel der Zeit

1935 Wandelbahn wurde das erste Bauwerk aus Holz genannt, das 1879 am Strand von Westerland gebaut wurde. Um diese Zeit entstand auch ein erster Konzertpavillon, später „Musikmuschel" genannt. 1914 wurden von einem Kurgast die Monumentalfiguren „Triton auf dem Hippokampen" und „Europa auf dem Stier" gestiftet, die rechts und links von der Treppe gegenüber der Musikmuschel ihren Platz haben. Gestaltet wurden sie von dem Berliner Bildhauer Ludwig Manzel (1858–1936) aus Muschelkalk. Die bisher oft durch Sturmfluten beschädigte, aber immer wieder aufgebaute Promenade ist heute drei Kilometer lang und mit ihren Geschäften auf der einen und dem Blick auf den Strand auf der anderen Seite Anziehungspunkt der Besucher Westerlands. Viele Hotels haben einen direkten Zugang.

Musik am Meer Dem ständigen Drängen des Meeres und den daraus folgenden Zerstörungen ausgesetzt, ist die heutige Musikmuschel seit über hundert Jahren dazu gezwungen, ihr Gesicht immer wieder zu verändern. So begann sie als hölzerner Pavillon, der je nach Bedarf zum Strand oder zur Promenade hin geöffnet werden konnte. In den ersten Jahren spielten dort die „Prager Musikanten", dann wurde eine feste Kurkapelle engagiert. Die Form einer Muschel nahm der Pavillon um 1910 an. Doch auch diese mit Deckenmalereien ausgestattete Musikmuschel wurde bei einer Sturmflut im November 1911 zerstört, ja sogar komplett von den Wellen erfasst und davongetragen. In den folgenden Jahren wurde sie noch mehrmals erneuert, bis sie 1949 die heutige Form bekam. Lediglich das Dach wurde 1991 nochmals verändert. Heute werden in den Sommermonaten unter dem Namen „Musik am Meer" Schlager und klassische Stücke geboten.

Sylt – Das Altfriesische Haus in Keitum
Vom Kapitänshaus zum Museum

1982 Wann genau das Altfriesische Haus in Keitum erbaut wurde, ist nicht bekannt. Dass es vor 1700 entstand, ist jedoch sehr wahrscheinlich. Kapitän Peter Uwen übernahm das Haus um 1739 und ließ Renovierungen vornehmen. Er vererbte es an seinen Sohn, der es erweiterte und die Wände mit Fliesen schmückte, wie es in vielen alten Sylter Häusern gerne gemacht wurde. Seine Frau vererbte das Haus an ihren Enkel, dessen Stiefvater Christian Peter Hansen es 1850 käuflich erwarb. Hansen, der Lehrer, Küster, Heimatforscher und Chronist auf Sylt war, trug vielfältiges Material zur Geschichte und Kultur Nord-

frieslands zusammen, das später den Grundstock des Sylter Heimatmuseums bildete. 1907, lange nach seinem Tod, erwarb die Söl'ring Foriining e.V. den Besitz und eröffnete das Museum Altfriesisches Haus.

Bewahrung eines alten Wohnhauses Im Altfriesischen Haus, einem der ältesten Kulturdenkmäler Nordfrieslands, können vier Wohnräume besichtigt werden: die Küche (Kööken), die Wohnstube (Kööv), den Pesel (Piisel), der für Feste vorgesehen war, sowie die Kellerkammer (Kelerkaamer). Möbel, Hausrat und Fliesen zeugen von der friesischen Wohnkultur des 18. und 19. Jahrhunderts. Die Ausstattung des Hauses basiert, wie in Sylt üblich, auf Mobiliar und Erinnerungsstücken, die die Kapitäne von ihren Reisen mitbrachten. Sehenswert sind die im Rokokostil gehaltenen Wandmalereien, die damals typischen, in die Wände eingelassenen Alkoven (Bettnischen) und ein eingebauter Vitrinenschrank. In der Wohnstube befindet sich der gusseiserne Beileger (Bilegger), der von der Rückseite in der Küche bestückt wurde, indem man durch eine Wandöffnung vom Herd aus das Feuermaterial in den Ofen schob. Außer der Wohnstube war keiner der Räume beheizbar.

Sylt – Kurzentrum in Westerland
Erst Kurort, dann Ferienzentrum

1895 Gegen Ende des 18. Jahrhunderts entdeckten Ärzte die Heilkraft des Küstenklimas und des Meerwassers. Fortan eröffnete ein Kurbad nach dem anderen entlang der Nordseeküste. Als Sylt ab 1859 durch den Fährverkehr zwischen Hoyer und Munkmarsch besser erreichbar wurde, war auch die Basis für die Gründung der ersten Kurbäder Westerlands geschaffen. Gebadet wurde damals – Männlein und Weiblein hatten je einen eigenen Strand – von Badekarren aus. Diese Karren standen aufgereiht im Wasser, und die Badenden gingen, sich der Vorschrift nach an Leinen festhaltend, ins Wasser. Geöffnet war das Seebad morgens von 6 bis 12 Uhr. 1902 machte Westerland von sich reden, als das erste „Familienbad" der Nordseeküste eröffnet wurde, was in der damaligen Zeit einen regelrechten Sittenstreit auslöste. Bis 1910 jedoch hatte sich das Bad etabliert und wurde sogar noch erweitert.

Alles unter einem Dach Das neue Kurzentrum Westerlands ist nicht zu übersehen. Der Grundstein für das größte Sylter Bauprojekt aller Zeiten wurde am 1. Mai 1966 gelegt. In nur zwei Jahren entstanden unmittelbar am Strand 17 Stockwerke, die neben Appartements und Ferienwohnungen noch einiges anderes zu bieten haben. So zum Beispiel das ehemalige Kurmittelhaus, heute „Syltness-Center", in dem Meerwasser-Trinkkuren, Bäder und Wattschlick-packungen sowie alternative Therapieformen angeboten werden. Auch die Kongresshalle befindet sich mit angegliedertem Restaurant im Kurzentrum. Außerdem steht auf dem Gelände die Lesehalle, die seit 1905 dafür eingerichtet ist, Besucher mit aktuellem und interessantem Lesematerial zu versorgen. Seit der Gesundheitsreform werden insgesamt weniger Kuren gemacht. Die Besucher erfreuen sich stattdessen am großen Freizeitangebot Westerlands.

Sylt – Sylter Welle
Freizeitvergnügen von der Entstehung bis zur Vollendung

1993 In diesem Jahr wurde unmittelbar am Nordseestrand in den Westerländer Dünen ein großes Bauprojekt gestartet: die „Sylter Welle", ein zweigeschossiges Freizeitbad in der Form eines Schiffes. Deutlich ist der markante Umriss bereits zu Baubeginn zu erkennen. Bereits ein Jahr später wurde das Familienbad eingeweiht. Der Freizeitspaß teilt sich auf insgesamt 4600 Quadratmetern in zwei übergeordnete Bereiche: die Bade- und die Saunawelt. Das Wellen-, das Sprudel- und das Massagebecken in der Badewelt sind mit echtem Nordseewasser gefüllt. Dem Besucher steht zudem in der Saunawelt eine große Auswahl an verschiedenen Saunen zur Verfügung, darunter die kreisförmige Wikinger-Sauna, in der die Besucher rund um ein Feuer liegen, und die Lichtsauna, die sich mit abwechselnden Farben positiv auf das Wohlbefinden auswirkt.

Schwimmen mit Blick auf die Nordsee Inzwischen wurde die „Sylter Welle"
um ein Außenbecken erweitert. Auch in diesem 25 mal 10 Meter großen Be-
cken befindet sich echtes Meerwasser, zusätzlich bietet es einen ungehinderten
Blick auf Meer und Strand. Der Kinderspaß kommt in dem Freizeitbad ebenfalls
nicht zu kurz: Es gibt ein Wellenbad und ein Wikingerschiff im Planschbecken,
auf dem die Kleinen herumtoben können. Seit Dezember 2007 können die
jungen Badegäste zudem auf drei verschiedenen Rutschen in die Schwimm-
landschaft sausen: auf der steilen, 45 Meter langen „Turbo-Rutsche", auf der
„X-Tube-Rutsche", durch die man in einem Sitzreifen rutscht, oder durch die
dunkle „Black-Hole-Rutsche", die auf 120 Metern mit Lichteffekten beeindruckt.
Wie jedes moderne Bad bietet auch die „Sylter Welle" außerdem Schwimm-
kurse, Solarien und einen Fitnessraum.

Föhr – Wyk
Aus einem „Königsbad" wird das Nordseeheilbad

1971 Vor 1819, als Wyk eines der ersten deutschen Seebäder wurde, verdienten die Bewohner Föhrs ihren Lebensunterhalt durch Seehandel. In der Mitte des 19. Jahrhunderts galt Wyk bedingt durch die jährlichen Erholungsbesuche des dänischen Königs Christian VIII. (1786–1848) als Bad für den gehobenen Adel. Nach seinem Tod allerdings blieben die adligen Besucher aus. Durch die Gründung des Nordsee-Sanatoriums wurde 1898 ein neues erfolgreiches Kapitel für den Tourismus in Wyk aufgeschlagen. In der Zeit des allgemeinen wirtschaftlichen Aufschwungs nach dem Zweiten Weltkrieg wurde weiter in Wyk investiert: Das Hafenbecken wurde erweitert, ein Kurmittelhaus und ein Meerwasserhallenbrandungsbad errichtet sowie der größte Teil der Straßen ausgebaut.

Komfort und Idylle Der Berliner- und der Hamburger Ring haben sich vom grundlegenden Aufbau bis heute nicht verändert. Die aus der Luft wie ein riesiges Rad erscheinende geometrische Straßenanlage ist nach wie vor eine Besonderheit im deutschen Straßenbau. In der einzigen Stadt Föhrs haben etwa 4500 Bürger ihren Hauptwohnsitz. Während der Hauptsaison hingegen beherbergt Wyk zusätzlich noch bis zu 15 000 Besucher. Im Gegensatz zur beschaulichen, ländlichen Atmosphäre der restlichen Insel bietet Wyk viel Abwechslung. Hier findet man Einkaufsstraßen, Strandpromenade, Kurpark, Kino, Kurmittelhaus und eine künstliche Badelandschaft. Leider sind viele typisch friesische Häuser mit der Zeit der Modernisierung zum Opfer gefallen, aber es gibt auch heute noch ein paar Straßen in Wyk, wo diese idyllischen Spitzgiebelhäuser zu finden sind.

Harte Arbeit Der Anblick eines Krabbenkutters auf der Nordsee wird immer seltener: Nur knapp 280 Fischer gehen in Deutschland noch auf Krabben- und Garnelenfang. Begleitet werden die Boote aber immer von einer ganzen Schar neugieriger Möwen, die auf leichte Beute hoffen.

Leben früher und heute

Rüm hart – klaar kiming Wo das Land so weit ist und nur der Horizont eine Grenze bietet, entsteht eine gewisse unabhängige Lebenseinstellung, die charakteristisch für die Einwohner der Friesischen Inseln ist. Inselleben bringt aber auch Herausforderungen im Alltag jenseits des Festlandes mit sich, denen immer wieder aufs Neue begegnet wird. Durch ihre lange Tradition als Seefahrer waren die Inselfriesen schon immer aufgeschlossen gegenüber Fremden, und so passt es in das Bild heutiger Tage, dass sich der Inselalltag perfekt auf den Tourismus und dessen Anforderungen eingestellt hat.

Borkum – Strandleben
Spaß im Familienbad kam erst Anfang des 20. Jahrhunderts

Gruß aus
dem Familienbad

Borkum

1909 Bis Ende des 19. Jahrhunderts konnte man sich nur mit Sandburgen vor Wind, Sonne und Blicken schützen. Der erste Strandkorb als Einsitzer wurde nämlich erst 1882 kreiert. Die Sitten damals waren so streng, dass die Frauen statt Bikini fast einen Ganzkörperbadeanzug tragen mussten. Badende Männlein und Weiblein wurden durch massive Bohlenwände voneinander getrennt. Das Baden selbst war wahrscheinlich ebenso wenig amüsant, denn man kam oft überhaupt nur mittels hölzernen Freibadewannen oder mit von Pferden angeschobenen, hochrädrigen Badekarren ins Meer. Erst ab 1904 wurde das gemeinsame Baden in Familienbädern gestattet. Jedoch brauchte selbst diese neue Badeform noch einige Jahre länger, bevor sie von jedermann als sittenkonform akzeptiert wurde.

Weniger Stoff und mehr Haut Die einst so einschnürenden Sitten verstauben längst in Archiven und heute kann eigentlich jeder baden, wie er will. Lediglich eine Vorschrift trennt noch zwischen „wenig bekleidet" und „nackt". Borkum bietet entlang der Kurpromenade vier bewachte Strandabschnitte. Am Nordbad-, Südbad- und Jugendbadstrand lassen sich die neuesten Bademoden zur Schau tragen. Der vierte Strand ist seit 1954 den FKK-Freunden vorbehalten und mit einer Strandsauna bestückt. Blickt man über Borkums Strände, sieht man den Sand vor lauter Strandzelten nicht. Diese inseltypischen, bunten Windschützer erfreuen sich großer Beliebtheit. Zudem verfügt die Insel über ein Meerwasserhallenbad und zwei zusätzliche Strände, den Süd- und den Nordstrand, die aber eher zum Spazieren als zum Baden einladen.

Juist – Strandpartie
Erst die Post, dann die Touristen

1881 Mitte des 17. Jahrhunderts wurde die Insel Juist durch Sturmflut und Erosion zweigeteilt und erst 1928 mit gewaltigen Sandaufschüttungen wieder vereint. Für die Insulaner war es stets eine große Herausforderung, Einnahmequellen zu erschließen, denn der salzige Boden war landwirtschaftlich kaum nutzbar. Neben dem profitablen Walfang nannten viele Juister bald ein Schiff ihr Eigen und schipperten neben Gütern und Befehlen auch die Post über die Nordsee. In den darauffolgenden Seekriegen wurden viele dieser Schiffe zerstört oder beschlagnahmt und teilweise um 1800 aus hölzernem Treibgut neu

erbaut. 1840 wurde Juist zum Seebad. Jedoch hielten Flutschäden und die lange, beschwerliche Anreise die Besucherzahl zunächst klein. Erst die Schaffung bequemerer Anreisemöglichkeiten lockte mehr Gäste auf die Insel. 1871 startete das erste Dampffährschiff, 1888 folgte ein zweites.

Touristen kommen zahlreich Die Inselbewohner zogen in puncto Hotel- und Straßenbau nach, blieben dabei aber weitestgehend schlicht. Auch heute noch bewegt man sich auf Juist ausschließlich gehend, radelnd oder auf einer Pferdekutsche fort – kein Auto weit und breit. Vor allem nach dem Zweiten Weltkrieg sattelte man auf die Tourismusbranche um. Von den heutigen Gästen wartet am 17 Kilometer langen weißen Sandstrand sicher niemand mehr auf den Postboten. Denn Juist hat mittlerweile ein umfassendes Touristenprogramm zu bieten. Neben den bewachten Strandabschnitten West-,

Ost- und Loogbad kann man sich alternativ auch im Erlebnisbad auf der Düne vergnügen oder die zahlreichen Inselevents ebenso wie die gleichermaßen vielseitigen Sport- und Freizeitangebote nutzen.

Norderney – Gäste
Bademode im Wandel der Zeit

1900 Für die Bekleidung am und im Wasser gab es um die Jahrhundertwende ganz klare Vorschriften. Haut zu zeigen, galt damals als unschicklich. Deshalb verbrachten die Gäste ihre Ferienzeit zumeist in voller Kluft – drinnen wie draußen. Auch sommerliche Hitzerekorde konnten die Moralvorstellungen nicht außer Kraft setzen. Der Badeanzug für Frauen hatte sittenstrenge Vorgaben. Er musste Brust und Körper vorn komplett bedecken und unter den Armen fest anliegen. Der Rückenausschnitt durfte maximal bis zum unteren Ende der Schulterblätter reichen. Der Badeanzug ging bis über die Knie und wurde dort mit einem Zwickel vor dem Hochrutschen bewahrt. Hüte und Badestrümpfe gehörten ebenso zur Ausrüstung. Die Männer trugen einen bis zu den Ellenbogen und Knien reichenden Einteiler. Am besten aber war es, man behielt den Sonntagsanzug gleich an!

Nicht mehr mit Hut und Anzug bei 30 Grad Gegenwärtig kommen jährlich 400 000 Urlauber auf die Insel Norderney. An den Stränden sind Feriengäste in einem für die heutige Zeit ganz normalen Badeoutfit zu sehen. So zeigen sich die Damen seit den 1960er-Jahren in knappen Bikinis oder Badeanzügen, die mittlerweile auch nur noch das „Nötigste" verdecken. Die Herrenbadebekleidung reicht von knielangen Shorts bis hin zu String-Badehosen. Nur bei kühlem Wind oder Sonnenbrand werden Kleid und T-Shirt übergestreift. An den Textilbadestränden Süd-, Nord- und Oststrand ist alles erlaubt, was an Bademoden gefällt, solange man nur überhaupt etwas trägt. Ganz weit im Osten der Insel darf man sich dagegen seit offizieller Anerkennung des FKK-Strandes 1961 sogar im Adamskostüm sonnen oder splitterfasernackt in die Wellen der Nordsee springen.

Norderney – Hafen
Von harter Arbeit zum entspannten Müßiggang

1910 Von 1871 bis 1874 entstanden mit dem Bau einer eisernen Landungsbrücke die ersten Hafenanlagen, die den auch Schlenge genannten kleinen
hölzernen Anleger vor dem Deich ersetzten. In diesem Zeitraum entstand
auch der Leuchtturm von Norderney. Erst 1926 wurde er modernisiert und
elektrisch befeuert. 1889 legte man einen Schutzhafen für Fischereifahrzeuge
an und erbaute einen Fahrkartenschalter mit Wartehalle. Kurz vor der Jahrhundertwende wurde schließlich ein Pegel im Hafen installiert. Nun war es
möglich, die Wasserstände jederzeit örtlich zu messen. Kurze Zeit später
wurden die Hafenanlagen erneut ausgebaut und nahmen nun weitestgehend
ihre heutige Gestalt an.

Surfen lernen in der Nordsee Der Hafen von Norderney ist heute ein beliebtes Ausflugsziel. Hier kann man nicht nur gemütlich in einem Restaurant das Flair des Inselhafens genießen, der fast komplett von Wasser umgebene Hafen bietet auch viele Möglichkeiten, aktiv zu sein. Eine Surf- und eine Segelschule bilden Norderneys Zentrum für Wassersport. Auch Gastliegern hat der Hafen einiges zu bieten, unter anderem einen kompetenten Hafenwart, der Interessierte bei Törns beraten und ausführliche Auskunft zur Tide geben kann. Um die nötige Sicherheit zu gewährleisten, hat die Deutsche Gesellschaft zur Rettung Schiffbrüchiger hier einen Seenotrettungskreuzer stationiert.

Norderney – Strandleben
Mit Rennrädern über den Strand, wo einst noch Badekarren standen

Um 1910 Herren auf Rädern am Damenbadestrand wären vor gut 100 Jahren ein Skandal gewesen. Das Damenbad lag direkt vor der Kaiserstraße und zwar bis zur Schließung mit der Entstehung des Familienbades im Jahr 1928. Bis zum Ende des 18. Jahrhunderts war das Baden nur von Badeschiffen, sogenannten Schaluppen, möglich. Die ersten drei hochrädrigen Badekarren kamen 1814 auf die Insel, zu einer Zeit, als strenge Regeln galten. Das Treiben am Strand wurde von einem Badekommissar überwacht. 1895 standen den Damen schon 150 solcher von Pferd und Fuhrmann gezogener Karren zur Verfügung. Sie dienten neben dem Bad im Meer auch als Umkleidekabine oder Aufenthaltsort. Eine rot gehisste Flagge war das Signal, dass sich alle männlichen Badegäste – dazu gehörten auch Einheimische und Bootsbesatzungen – vom Damenstrand fernzuhalten hatten.

Zweckentfremdete Bademeile Dort, wo früher noch Hunderte kurioser Badekarren über den Sand gezogen und geschoben wurden, warteten am 13. April 1993 zahlreiche Männer auf den Start. Aber nicht, um im noch einzig verbliebenen Badekarren am Weststrand zu heiraten, sondern um kräftig in die Pedale zu treten. Denn die Radamateure begaben sich auf die Strecke der bereits 17. Auflage der Niedersachsen-Tour, jedoch fiel diesmal der Startschuss erstmals auf einer Insel, auf Norderney. Die erste Etappe der insgesamt 1442,8 Kilometer langen und neun Etappen umfassenden Fahrt führte direkt am Strand entlang. 100 Jahre zuvor fand auf Norderney das überhaupt erste Fahrradrennen der Inselgeschichte statt. Seitdem hat sich in Sachen Radweg einiges getan. Das heutige Radwegenetz ist eines der abwechslungsreichsten und größten auf ostfriesischem Boden.

1892 Eine züchtig gekleidete Frau winkt dem Betrachter fröhlich aus dem Bade-
wagen, eine andere studiert die Schiffsverbindungen zum Kurort und eine Gruppe
junger Frauen nimmt ein vergnügtes Bad in den Wellen. Die Farblithographie aus dem
Jahr 1892 zeigte all jenen, die sich den Urlaub leisten, aber sich bis dahin noch nicht
recht für das Badevergnügen an der Nordsee begeistern konnten, was ihnen entging:
gesundheitliches Wohlbefinden bei züchtiger Wahrung der Geschlechtertrennung.

Einwirkungen des Nordseeklimas

Um 1935 „Seesonne, Seewind, Seewasser, die 3 stärksten Einwirkungen des Nordseeklimas" versprach die Werbung im Einklang mit Körperkult und Gesundheitsboom der Zeit. War der Nordseeurlaub früher noch vornehmlich ein exklusives Kurerlebnis für diejenigen, die es sich leisten konnten, propagiert die Werbung nun Urlaub für die Massen im preußischen Staatsbad. Man trifft sich am über und über mit Strandkörben und Umkleidezelten bedeckten Strand zum fröhlichen Baden und Spazierengehen. Selbst in der Weimarer Republik hatten meist nur ältere Betriebsangehörige so viele Urlaubstage, dass sich eine längere Reise auch lohnte. Die Verlängerung der Urlaubszeit der Arbeitnehmer im Nationalsozialismus war zwar ein Propagandaerfolg, Freizeit war für die Nationalsozialisten jedoch kein Selbstzweck, sondern sollte die Gesundheit, die wirtschaftliche Produktivität, das Heimat- und Zusammengehörigkeitsgefühl stärken.

Neue Medien, erweitertes Spektrum Die Veränderung von Werbung im Allgemeinen und für Nordseebäder im Besonderen muss man nicht lange suchen. Ein Klick auf die Website der Insel Norderney genügt, um zu sehen, dass das Nordseebad heutzutage in erster Linie für Vergnügungs- und Aktivurlaub steht. Zwar gibt es nach wie vor Kureinrichtungen, doch der Spaß, die Entspannung und die Erholung vom Alltagsstress stehen eindeutig im Vordergrund. „Hier will ich sein", „Sie wollen Meer!", „Insel-Freuden!" und „Urlaubsspaß!" sind die Schlagworte des interaktiven Reisekatalogs, der mit Angeboten für die aktive Freizeit, Familie und natürlich für Wellness wirbt. Auch Medical Wellness, die gesundheitsbetonte Weiterentwicklung des puren Verwöhntwerdens, ist auf Norderney zu finden. So schließt sich der Kreis vom Gesundheitsbewusstsein von einst bis in die heutigen Tage.

1860 Der damalige Herrenbadestrand lag vor der Georgshöhe und bekam 1872 eine eigene Badehalle mit 53 Kabinen. Bis 1895 war der Herrenbereich mit 160 Badekarren ausgestattet. Am Strand blieb man weitestgehend unter sich und knüpfte neben dem Baden gesellschaftliche Verbindungen. Aber die Feriengäste legten ebenso viel Wert auf Unterhaltung und vornehme Freizeitgestaltung. Ende des 19. Jahrhunderts entstanden diverse Einrichtungen auf Norderney, so eine Konzertmuschel, eine Lesehalle am Strand, Pferderennplatz und Tennisanlage. Zudem sorgte der 1896 gegründete Strandclub für gesellige und gesellschaftliche Begegnungen zwischen Einheimischen und Gästen. Verbreitet und begehrt war vor allem die Jagd auf Wasservögel, Seehunde und Kaninchen. Den Einheimischen war diese Freizeitbetätigung dagegen untersagt.

Heute wird nicht mehr gejagt Norderney hat sich zu einem wahren Sport- und Freizeitparadies entwickelt. Golf und Tennis auf den modernen Anlagen sind zwar nach wie vor beliebt, aber längst hat sich die Angebotspalette erweitert. Heute zählen Beachsoccer, Beachhandball, Surfen, Kitesurfing, Inlineskaten oder Trampolinspringen zu den angesagten Sportarten auf Norderney. Ebenso können die Feriengäste quer über die Insel spazieren und radeln sowie diese auch hoch zu Ross erkunden. Seit vielen Jahren bildet das spektakuläre Strand- und Drachenfest mit nächtlicher Drachenflugshow und imposantem Feuerwerk eine feste Institution. Mittlerweile reist die gesamte nationale und internationale Drachenszene zu diesem Ereignis an. Und auch mit Beachpartys oder Stranddiscos kann Norderney schon lange aufwarten.

Langeoog – Sportlich, sportlich!
Einst mit tierischer Inselbahn zum Wattwandern, jetzt per Fähre zum Nordseeschwimmen

1910 Gäste lassen sich mit der Inselbahn zum Wattwandern kutschieren. Am 22. Juni 1901 trabten die Pferde erstmalig auf der Eröffnungstour über die 3,5 Kilometer lange Inselbahnstrecke. Frühere Badegäste konnten auf dem charmanten Transportmittel vom damaligen Fähranleger bis ins Inseldorf reisen. Die Sturmflut 1936 zerstörte nicht nur den einstigen Fähranleger, sondern in Folge auch den Arbeitsplatz der Vierbeiner. Denn diese wurden 1937 durch modernere Dieselloks auf Schienen mit 1000 Millimeter Spurweite abgelöst. Ab 1995 wurde mit der Anschaffung neuer Waggons und Loks sowie vielfältigen Maßnahmen zur Modernisierung kräftig in den Bahnbetrieb investiert. Obwohl nun schneller und zeitgemäß, versprüht Langeoogs Personen- und Güterverkehr immer noch etwas von dem Flair vergangener Tage.

Wir schwimmen lieber! Bereits 1830 bestand eine wöchentliche Fährverbindung zwischen Bensersiel auf dem nordfriesischen Festland und der Insel Langeoog. Zweifelsohne hat sich der eine oder andere Fährgast auch damals schon im Distanzschwimmen versucht, aber das wohl eher unfreiwillig. Ganz anders die heutige Fangemeinde der Nordseeschwimmer. Seit 1989 ziehen die Langstreckenschwimmer und -schwimmerinnen ihre Bahnen durch das Wattenmeer. Aus dem ursprünglich als Trainingseinheit für die DLRG angedachten Unterfangen wurde 1993 ein richtiger Wettkampfsport, mit Meisterschaften, Rekorden und allem drum und dran. Beim 19. Nordseeschwimmen im Jahr 2007 sprangen schon mehr als 200 Sportler ins kühle Nass, um die 10,6 Kilometer von Langeoog nach Bensersiel zu schwimmen, in steter Begleitung von Führungs- und Rettungsbooten.

Spiekeroog – Inselbahn
Die Pferde, mit denen alles begann, sind zurück: Museum auf Gleisen

2003 Mitte des 19. Jahrhunderts existierte bereits eine wöchentliche Fährverbindung nach Spiekeroog. Die ersten Gäste ab 1820 mussten sich vom Inseldorf damals noch durch etwa 2000 Meter Dünenweg strampeln, ehe sie den westlichen Strand erreichten. Mit der 1885 eröffneten und 1,7 Kilometer langen Pferdebahn wurde diese Distanz romantisch überbrückt. 1891 baute man einen neuen Fähranleger im Süden der Insel und ein Jahr später war das Gleisnetz bis dorthin erweitert. Der neue Abzweig zum Fähranleger wurde direkt im Wattboden verlegt. Somit waren Gleisüberflutungen fast an der Tagesordnung. Wegen massiver Sturmflutschäden und Unwirtschaftlichkeit hat man die meisten Abschnitte in den Folgejahren stilllegen müssen. Heute fährt auf Spiekeroog nur noch die Museumsbahn – wie anno dazumal von Pferden gezogen.

2005 – Südliches Gleis vom Winde verweht Nach 1945 hatte man mit
nur einer Pferdestärke den Urlaubermassen nichts mehr entgegenzusetzen.
Damit kam das Aus für die letzte noch existierende Pferdebahn Deutschlands.
Fortan setzte man auf die Power von Dieselloks. Das alte Schienennetz wurde
saniert, ausgebaut und wieder in Betrieb genommen. Nach der Sturmflut von
1962 wurden einzelne Streckenabschnitte neu und parallel zur alten Strecke
verlegt. 1981 entstand der zentral gelegene Hafen. Nun verlor die Inselbahn
gänzlich an Bedeutung. Der Betrieb wurde eingestellt und die Gleise größten-
teils zurückgebaut. Auch der Abbau der alten Südgleise ist bereits beschlossen.
Verblieben ist aber der Streckenabschnitt zwischen Bahnhof und Westend, auf
dem die Museumsbahn verkehrt.

Nordseeschifffahrt
Der Schiffe wurden es immer mehr …

Rush Hour auf der Nordsee Schon im 19. Jahrhundert verliefen unzählige bedeutende Verkehrs- und Handelswege zwischen Deutschland, Skandinavien, dem Baltikum, Kanada, Großbritannien und Amerika quer durch die Nordsee. Auch der Passagiertransport zu den Seebädern und nach Übersee entwickelte sich rasant. Neben den Handels- und Versorgungslinien stellten immer mehr Reedereien mehrfach wöchentliche, bald sogar tägliche Dampffährverbindungen zwischen dem deutschen Festland, den Friesischen Inseln und den Halligen bereit. 100 Jahre später schipperten schon 27,5 Prozent der weltweiten Schiffsbewegungen aus und in Europas größte Häfen. Mit Zunahme der Verkehrsdichte mussten spezielle Tiefwasserrinnen und ein perfekt koordiniertes und organisiertes Wegenetz geschaffen werden.

Kreuzfahrtschiff vor Borkum Einen der einst so betriebsamen Raddampfer bekommt man heute nur noch selten zu Gesicht. Längst reisen die Inselgäste mit modernsten Passagier- und Autofähren, Hochgeschwindigkeitskatamaranen und seit einiger Zeit auch auf noblen Kreuzfahrtschiffen durch die Nordsee. So konnten Spaziergänger auf Borkum im April 2008 den Testlauf der AIDAbella auf der Rückfahrt in den Emdener Hafen bestaunen. Auch die Zeiten, als die Kreuzfahrtschiffe die Friesischen Inseln noch unbeachtet ließen, sind inzwischen vorbei: Der Besuch der „MS Europa" auf Sylt unter dem Motto „Europa meets Sansibar" ist inzwischen legendär und erstmalig bietet die Reederei Hapag-Lloyd auch zwei- bis dreitägige Schnupperreisen mit dem 252 Meter langen Luxusliner „MS Columbus" an, der neben Flensburg auch in List auf Sylt, Wittdün auf Amrum und diesmal auch direkt an Borkums Küste vor Anker geht.

1928 Die HAPAG, damals die größte Reederei der Welt, wirbt mit einem Plakat um Fahrgäste. Der Transport von Passagieren gehörte seit jeher zum Hauptgeschäft der Hamburger Schifffahrtsgesellschaft. 1914 bestand die HAPAG-Flotte schon aus 175 Schiffen. Zwar unterhielt sie schon bald nach ihrer Gründung im Jahre 1847 Schiffslinien in die gesamte Welt und zudem diverse Seebäderdienste, jedoch blieb sie keineswegs konkurrenzlos. Insbesondere die 1857 gegründete Bremer Reederei „Norddeutscher Lloyd" (NDL) wurde zum ärgsten Rivalen im Kampf um Fahrgäste, vor allem auf der Transatlantikroute. Zu dieser Zeit zog es jährlich mehr als 200 000 Auswanderer nach Übersee. Es begann ein regelrechtes Wettrüsten in puncto Größe und Komfort der Passagierschiffe. Erst 1970 fusionierten die HAPAG und der NDL zur Hapag Lloyd AG.

Hallig Süderoog
Begegnungsstätte im Wandel der Zeit

1957 Schon seit 1927 existierte auf Süderoog ein Jugendheim als internationale Begegnungsstätte. Da immer wieder schwere Sturmfluten die Hallig
heimsuchten, wurde es in den 1950er-Jahren höchste Zeit, einen geeigneten
Zufluchtsort für die Gäste der Begegnungsstätte zu schaffen. 1957 begannen
die Baumaßnahmen für ein sogenanntes Fluchthaus. Zunächst begann man
damit, die Holzverschalungen für die späteren Betonpfeiler zu errichten.
Nach und nach entstand ein solides Bauwerk aus betonierten Grundmauern,
das in seinem äußeren Gewand jedoch nach wie vor die typische Halligoptik
wahrt. Die Begegnungsstätte wurde zwar 1966 geschlossen, aber immer noch
herrscht reger Betrieb auf Süderoog, und sowohl Einwohner als auch Gäste
dürfen sich nun sicher fühlen.

Verwöhnprogramm à la Matthiesen Heute begeben sich fast täglich neugierige Besucher auf die sieben Kilometer und 90 Minuten lange Wattwanderung von Pellworm nach Süderoog. Das Fluchthaus hat sich längst zu einem einladenden Gasthaus gemausert. Dort werden die ankommenden Gäste von den Eheleuten Matthiesen, den heute einzigen Halligbewohnern, erwartet. Während Herr Matthiesen die Besucher aus ganz Deutschland durch seine Welt führt und geduldig über die ganz besondere Lebensart auf Süderoog erzählt, stellt seine Frau die Tische auf den Hof und deckt sie mit Kaffee und Kuchen ein. Neben den Tagesgästen finden auch immer mehr heiratswillige Paare samt Hochzeitsgesellschaften den Weg nach Süderoog, um sich hier in naturverbundener Umgebung trauen zu lassen und den Festtagsschmaus aus rein biologisch angebauten Produkten auf der Hallig zu genießen.

Sylt – Sandburgenbau
Kurgäste buddelten sich in 100 Jahren bis zum Sandburgenbauverbot

1905 Vor 100 Jahren noch hat man die Menschen vor lauter Sand nicht gesehen. Schon die ersten Badegäste Ende des 19. Jahrhunderts bauten am Westerländer Strand mit Vorliebe pompöse Sandburgen. Aus dem anfänglichen Vorhaben, sich vor Wind und Wasser zu schützen, entwickelte sich bald ein regelrechter Ehrgeiz, mit einer Festung aus Sand das eigene Revier zu markieren. Selbst, wenn man einen Strandkorb ergattert hatte, wurde dieser unverzüglich mit einem hohen Wall umgeben. Nach der Reichsgründung 1870/71 kam auch eine politische Komponente hinzu. Die Sandburgenbewohner am äußersten Ende des Kaiserreiches zeigten Flagge. Durch kleine, am Rand abgesteckte Fähnchen signalisierten sie ihre Zugehörigkeit und ebenso die Bereitschaft, auch eine Sandfestung gegen jeglichen Feind verteidigen zu wollen.

Keine Kraterlandschaft mehr Buntes Treiben vor der Westerländer Kurpromenade. Aber nur noch vereinzelt sieht man Kinder beim Sandburgenbau. Diese beliebte Freizeitaktivität ist an Sylts Stränden aus Küstenschutzgründen mittlerweile weitestgehend untersagt. Schon gar nicht dürfen Strandkörbe mit einem Sandwall umgeben werden. Durch das Buddeln wird der zuvor vom Meeresboden kostenintensiv aufgespülte Strandsand aufgelockert und sofort wieder zur Meeresbeute. Zudem sind eingemauerte Strandkörbe bei plötzlicher Sturm- oder Springflut von den Strandwächtern nur schwer zu bergen. Früher gingen zahlreiche der teuren Strandmöbel verloren, wodurch das Verbot auch aus ökonomischer Hinsicht bekräftigt wurde. Gegen kleine Sandburgen gibt es allerdings keine Einwände, solange die Löcher abends wieder geebnet werden.

Sylter Hindenburgdamm
Immer mehr Autos kommen per Bahn

1927 Es war ein großer Tag für Sylt, als am 1. Juni 1927 der neue Damm eingeweiht wurde. Reichspräsident Paul von Hindenburg (1847–1934) persönlich
fuhr mit dem ersten Zug und erreichte nach 11,2 Kilometern die festlich
geschmückte Insel. Der Bau war nötig geworden, denn die schwierigen Ver-
kehrsverhältnisse Sylts erschwerten den touristischen Betrieb der Seebäder.
Bereits seit der Gründung des Seebades Westerland 1855 waren Dammprojekte
im Gespräch. Besonders nach dem Verlust der Hoyerschleuse an Dänemark
1920 bedurfte es dringend einer „deutschen" Verbindung auf die Insel Sylt.
1921 begannen die vorbereitenden Arbeiten und im Mai 1927 schließlich der
Bau des Dammes, dessen Sohlenbreite 50 Meter, die Breite der Dammkrone
elf Meter und die Gesamthöhe rund zehn Meter beträgt.

Mit dem Autozug nach Sylt Bereits 1932 wurden nicht mehr nur Personen,
sondern auch Autos mit dem Zug nach Sylt gebracht. Die Nachfrage stieg in
den folgenden Jahren enorm, sodass 1950 die Abfertigung vereinfacht wurde
und die Gäste nun einfach in ihren Autos sitzen bleiben durften, während
sie bequem die 35 Minuten zur Insel übersetzten. Ab 1962 befuhren Doppel-
stockwagen die Strecke, 1973 wurde ein zweites Gleis verlegt. Um die Sicherheit auch in den Verkehrsspitzenzeiten zu gewährleisten, ist eine Station auf
dem Damm errichtet worden, die im Volksmund den Namen „Villa Meeresblick"
trägt. Heute fährt der SyltShuttle alle 60 bis 90, in Spitzenzeiten sogar alle
30 Minuten. Den Bau eines zusätzlich geforderten Autodamms wird es in
nächster Zukunft jedoch nicht geben, da die Erreichbarkeit bei Sturmfluten
nicht gewährleistet werden könnte.

Sylt – Sport am Strand von Westerland
Von der Gymnastik zum legendären Surf Weltcup

1935 Die heilklimatische Wirkung der Insel Sylt war schon damals bekannt und bei den Kurgästen äußerst geschätzt. Insbesondere die Bewegung an und im Meer war Hauptbestandteil einer jeden Kur. Strandwanderungen, Gymnastik und Ballspiele am Strand brachten Gesundung und Vitalisierung. Neben der Gymnastik gehörten auch Faustball, Fußball, Schwimmen und Leichtathletik zu den sportlichen Favoriten. Bereits 1883 gründeten die Herren der damaligen Feuerwehr den „Männer Turnverein zu Westerland". 1920 schlossen sich auch die Frauen dem Turnsport an. Zwei Jahre später wurde der

„Verband für Leibesübungen Sylt" gegründet, der auch Inselfeste mit Turnen, Sport und Spiel organisierte und damit Einheimische und Inselgäste zum sportlichen Miteinander zusammenbrachte.

Jetzt dominiert die Surfszene Seit 24 Jahren findet der sogenannte Grand Slam der Windsurfer an Westerlands Brandenburger Strand statt. Denn neben den Disziplinen Wellenreiten und Slalom 42 steht auch die Weltmeisterschaft im Freestyle auf dem Programm. Mehr als 100 Spitzensurfer treten alljährlich von Juli bis Ende September an, um in fast immer auflandigem Wind und meterhohen Wellen einen spannenden Wettbewerb inklusive einer atemberaubenden Sprungshow zu zeigen. Vor allem aber wird um das Preisgeld von mehr als 100 000 Euro gekämpft. Der erste kleinere Windsurfwettkampf in Westerland schlug 1981 gleich solch hohe Wellen, dass drei Jahre später am selben Ort schon die erste Weltmeisterschaft ausgetragen wurde. Zu diesem Mix aus Sport, Musik und Partys reisen jährlich weit mehr als 1,5 Millionen Besucher an

Feiern auf Sylt
Die Hippies sind verschwunden

1970 Die amerikanische Flower-Power-Bewegung mit ihrer Infragestellung der Wohlstandsideale der Mittelschicht, der Forderung nach Befreiung von Zwängen und bürgerlichen Tabus machte auch vor Deutschland nicht halt. Als die ersten Hippies 1966 auch nach Sylt kamen, waren Meinungsverschiedenheiten vorprogrammiert. Die jungen Idealisten hatten Ideen von Frieden in Vietnam, mehr Naturverbundenheit und kritisierten den Konsum. Sie eckten damit natürlich gerade auf Sylt, dem Treffpunkt der Lebemenschen, der Reichen und Schönen, an. Am Strand Sansibar zwischen Rantum und Hörnum und damit weit genug weg von dem stark besuchten Zentrum Westerland, fanden sie offenbar ihre Nische. Warum dieser Strand übrigens nach einer ostafrikanischen Insel benannt ist, ist nicht bekannt.

Gehobenes Ambiente in Kampen Während sich Schauspieler, Musiker
und Sportgrößen am Anfang des 20. Jahrhunderts in Sylts Zentrum Westerland
trafen, galt Kampen im Norden als Ort der Intellektuellen, der Schriftsteller
und Dichter. In den 1960er- und 70er-Jahren zog er dann zunehmend Politiker,
Künstler, Wirtschaftsmagnaten und Lebemenschen an. Am Strönwai bildete
sich eine Reihe von exklusiven Bars und Clubs, denen die Straße die scherzhaf-
te Bezeichnung „Whiskeymeile" verdankt. Als FKK-Paradies galt die berühmt-
berüchtigte „Buhne 16", eine von 100 alten Buhnen an der Westküste, wo sich
die Sylter Prominenz zu wilden nächtlichen Partys zusammenfand. Die teuren
Wagen der gut betuchten Gäste, Champagner und das Sehen-und-Gesehen-
Werden von Stars und Sternchen prägen die Atmosphäre Kampens bis heute.

Sylter Strandinstitutionen
Vom Seebad zum Hightech-Beach

1975 Die Rettungswagen der Westerländer DLRG wirken zwar etwas nostalgisch, jedoch ist die Baywatchtruppe längst top ausgebildet und ausgestattet. Seit 1946 wachen die Rettungsschwimmer am 3000 Meter langen Strand von Westerland über Strand und Badegäste.1975 standen sieben Rettungswagen, ausgestattet mit allerlei Rettungsgerät und Boot, bereit. Mitte der 1950er Jahre bekam die DLRG ihre ersten Rettungsbretter und leitete damit die Ära des deutschen Wellenreitens ein. Derzeit sind 16 Helfer in acht dieser Holzhäuschen auf Rädern, die alle 400 Meter aufgestellt sind, im Einsatz. Die

Strandhüter leisten Erste Hilfe, warnen vor scharfkantigen Buhnen oder der gefährlichen „Trecker"-Strömung, die an bestimmten Stellen die Badenden ins offene Meer zieht. Und sie machen aus Nichtschwimmern Schwimmer und bilden diese dann oft noch zu Rettungsschwimmern aus.

Up to date Vorbei ist die Zeit des frühen Aufstehens für die Urlauber, nur, um vor Ort einen der 3100 Strandkörbe Westerlands zu reservieren. Seit 2004 ist bei den geflochtenen Doppelsitzern Hightech integriert. Jeder Korb besitzt einen funkgesteuerten Chip. So können die Gäste ihre Strandkorbwünsche ganz bequem per Internet aufgeben. Die Westerländer Strandkorbwärter, wie beispielsweise Claus Carstensen, sind mit einem Handcomputer ausgestattet. So können sie sich in Sekundenschnelle einen Überblick verschaffen, welche Körbe wie lange vermietet sind, Sonderwünsche entgegennehmen und zur

Buchung schreiten. Das vom Westerländer Tourismus Service entwickelte Verfahren wird weltweit erstmalig eingesetzt.

Hallig Gröde – Vom Öl zum Strom
Auf der Hallig brennen noch die letzten Petroleumlampen

1964 Die früheren Insulaner besaßen zwar allerlei Silber und andere Kostbarkeiten, die aus der Seefahrt- und Walfang-Ära stammten, jedoch konnten sie ihre Schätze nur bei Tageslicht oder unter der Öllampe bewundern. Erst ab 1850 kam dann mit der Petroleumlampe endlich etwas mehr Licht in die Wohnzimmer. Auch die Trinkwasserversorgung war ein schwieriges Unterfangen, denn der Halligboden nimmt kein Süßwasser auf. Deshalb speicherte man das Regenwasser von den Dächern früher in Zisternen. Dagegen wurde in künstlich angelegten Teichen, den sogenannten Fethingen, das Regenwasser für die Viehversorgung aufgefangen. Bei Überflutungen mit Meerwasser half allerdings nur noch der schnellste Weg zum Festland, um den überlebenswichtigen Nachschub zu besorgen.

Endlich Strom per Knopfdruck Bereits 1954 wurden die ersten Halligen vom Festland her mit Strom versorgt. Hallig Gröde musste allerdings noch einige Zeit auf Strom und Wasser aus der großen Leitung warten. Deshalb ging am 16. Mai 1964 zunächst ein eigenes Stromaggregat in Betrieb. Somit hatte die Petroleumlampe ausgedient. Endlich konnte man auch hier, in einer der kleinsten selbstständigen Gemeinden Deutschlands mit nur 19 Einwohnern Staubsaugen, Fernsehen und elektrisch kochen. Erst 1976 und damit als letztes Hallig-Eiland wurde Gröde an das Strom- und Wassernetz des Festlandes angeschlossen. Das Stromkabel sowie auch das Kunststoffrohr für die Wasserversorgung wurden unter Verwendung eines hydraulisch steuerbaren Spezialpflugs eingezogen.

Föhr – Inseltracht
Nicht mehr ganz so farbenfroh

1865 Die traditionelle friesische Tracht ist nach 1800 entstanden, als die Handelsschifffahrt florierte und zahlreiche Inselbewohner zu einem gewissen Wohlstand oder gar Reichtum kamen. Bis zur Mitte des 19. Jahrhunderts wirkten die Föhrer Trachten lebendig und farbenfroh. Vor der Brust wurde ein filigraner Silberschmuck getragen, der in der Mitte ein mit Kreuz (Glaube), Herz (Liebe) und Anker (Hoffnung) verziertes Amulett säumte. Da die Trachten von Generation zu Generation vererbt wurden, besaß nach und nach jede einheimische Frau auf Föhr ein derartiges Gewand. Eine Tracht für Männer konnte sich auf Föhr hingegen nicht entwickeln. Zahlreiche Männer waren über Jahrhunderte hinweg fast das ganze Jahr auf See und passten sich daher der Mode der jeweiligen Hafenstädte an.

Inseltradition mit starken Wurzeln Seit Mitte des 19. Jahrhunderts dominieren eher dunkle Stoffe und die Farbe Weiß. Den prunkvollen Schmuck samt Amulett hat man beibehalten. An Festtagen wie Hochzeiten, Konfirmationen oder Trachtenveranstaltungen benötigen die Friesinnen heute immer noch viel Zeit und vor allem mindestens eine Ankleidehilfe. Denn zur Föhrer Tracht zählen neben dem Schmuck ein vier Meter weiter, knöchellanger Rock mit Mieder und Ärmeln, ein Halstuch, das mit rund 70 Stecknadeln am Mieder befestigt wird, eine weiße Spitzenschürze mit Lochstickereien und ein aufwendig gebundenes und mit einer Blumenbordüre besticktes Kopftuch. Verheiratete Frauen brauchen beim Anputz übrigens ein bisschen länger, denn sie tragen unter dem Kopftuch noch eine rote, mit schwarzen Perlen bestickte Haube. Sonntags trägt man eine schwarze Schürze und schlichteren Schmuck.

Hallig Langeneß – „Berufsverkehr"
Statt Wind treibt nun Diesel die Lore an

1968 Die Halligen sind anders als die sonstigen Frieseninseln. Zwar begann man Ende des 19. Jahrhunderts mit der Befestigung der Eilande mittels massiver Steindeckwerke, doch bis heute schützt sie kein einziger Deich vor Überflutungen. Über Jahrhunderte kämpften die Insulaner um ihre bloße Existenz. Die Witterung machte viele Ernten zunichte und raffte manchen Tierbestand dahin. Inzwischen lebt man weitestgehend von Küstenschutz, Fremdenverkehr und Landwirtschaft. Zwischen Festland und Langeneß, einer der größten Halligen, gab es schon 1929 einen Schienendamm. Bis 1970 reisten Einheimische, Lebensmittel, Post und Urlauber noch gemeinsam mit einer Segellore – je nach Windstärke mal schneller und mal auch langsamer.

Wind spielt keine Rolle mehr Die Schienendeiche der insgesamt zehn Halligen bestehen nicht nur zum Festland hin, sondern schaffen ebenso eine Verbindung untereinander. Will man den Inselnachbarn heutzutage auf einen Kaffee per Schienenmobil besuchen, benötigt man aber weitaus weniger Zeit als früher. Denn dieses seltsame Gefährt wird längst mit Dieselkraftstoff angetrieben. Leider kommen jetzt nur noch wenige Touristen in einen derartigen Fahrtgenuss, da die meisten Feriengäste zusammen mit Zeitungen und Brötchen mittlerweile auf modernen, überdachten Fähren auf die Halligen reisen. Der Postschiffer Friede Nissen aber bringt die Briefe für die rund 100 Einheimischen auf Langeneß auch heute noch vom Festland über Hallig Oland und weiter durch das Watt mit der Diesellore. Witterungsabhängig steigt er alternativ manchmal in sein Boot um.

Register

Bildnachweis

Für die Bereitstellung von Bildmaterial zur Verwendung in diesem Buch dankt der Verlag der Bildagentur picture alliance.

pa•picture alliance

Umschlagabbildungen picture-alliance/akg-images, picture-alliance/HB-Verlag/K.-H. Raach, picture-alliance/dpa, picture-alliance/dpa/Christian Hager **Seite 2** picture-alliance/Bildagentur Huber/Gräfenhain **6** picture-alliance/Bildagentur Huber/Gräfenhain **8** picture-alliance/chromorange **10** picture-alliance/akg-images **11** picture-alliance/Bildagentur Huber/Krammisch **12** picture-alliance/dpa **13** picture-alliance/ZB/Euroluftbild **14** picture-alliance/akg-images **15** picture-alliance/dpa/Ingo Wagner **16** picture-alliance/akg-images **17** picture-alliance/Bildagentur Huber/Gräfenhain **18** picture-alliance/akg-images **19** picture-alliance/ZB/Euroluftbild **20** picture-alliance/akg-images **21** picture-alliance/HB-Verlag/Marc-Oliver Schulz **22** picture-alliance/dpa/Frank May **23** picture-alliance/dpa **24** picture-alliance/dpa **25** picture-alliance/HB-Verlag/Marc-Oliver Schulz **26** picture-alliance/dpa **27** picture-alliance/ZB/Euroluftbild **28** picture-alliance/dpa **29** picture-alliance/ZB/Euroluftbild **30** picture-alliance/dpa/Wilhelm Herold **31** picture-alliance/Bildagentur Huber/Gräfenhain **32** picture-alliance/dpa/Stefan Hesse **33** picture-alliance/ZB/Euroluftbild **34** picture-alliance/dpa/Wulf Pfeiffer **35** picture-alliance/Bildagentur Huber/Gräfenhain **36** picture-alliance/dpa **37** picture-alliance/ZB/Euroluftbild **38** picture-alliance/akg-images **39** picture-alliance/HB-Verlag/Hartmut Schwarzbach **40** picture-alliance/dpa **41** picture-alliance/dpa/Steinhagen **42** picture-alliance/dpa **43** picture-alliance/ZB/Euroluftbild **44** picture-alliance/akg-images **45** picture-alliance/Bildagentur Huber/Hänel **46** picture-alliance/dpa/Dieter Klein **47** picture-alliance/ZB/Euroluftbild **48** picture-alliance/dpa **49** picture-alliance/ZB/Euroluftbild **50** picture-alliance/dpa **52** picture-alliance/akg-images **53** picture-alliance/dpa/Wagner **54** picture-alliance/dpa **55** picture-alliance/dpa/Hans Weißer **56** picture-alliance/akg-images **57** picture-alliance/Greenpeace/Marcus Meyer **58** picture-alliance/dpa/Volker Heick **59** picture-alliance/dpa/Kuchenbuch **60** picture-alliance/dpa/Verein Jordsand/Boecker **61** picture-alliance/Okapia/Georg Bonsen **62** picture-alliance/dpa **63** picture-alliance/dpa/Carsten Rehder **64** picture-alliance/dpaweb/Tourismus-Service Westerland **65** picture-alliance/dpa/Carsten Rehder **67o** picture-alliance/akg-images **67u** picture-alliance/HB-Verlag/K.-H. Raach **68** picture-alliance/dpa **69** twinbooks/Jennifer Künkler **70o** picture-alliance/dpa **70u** picture-alliance/dpa/Volker Frenzel **71o** picture-alliance/dpa/Sylt-Picture **71u** picture-alliance/Bildagentur Huber/Gräfenhain **72** picture-alliance/dpa **73** picture-alliance/dpa/Carsten Rehder **74** picture-alliance/dpa **75** picture-alliance/Bildagentur Huber/Gräfenhain **76** picture-alliance/dpa **77** picture-alliance/HB-Verlag/Hartmut Schwarzbach **78** picture-alliance/dpa **79** picture-alliance/HB-Verlag/Hartmut Schwarzbach **80** picture-alliance/akg-images **82** picture-alliance/akg-images **83** picture-alliance/HB-Verlag/Marc-Oliver Schulz **84** picture-alliance/dpa **85** picture-alliance/dpaweb/Ingo Wagner **86** picture-alliance/akg-images **87** picture-alliance/Bildagentur Huber/Krammisch **88** VEMAG Verlags- und Medien AG **89** picture-alliance/dpa/Frank May **90** picture-alliance/akg-images **91** picture-alliance/dpa/Frank May **92** picture-alliance/akg-images **93** picture-alliance/Bildagentur Huber/Gräfenhain **94** picture-alliance/akg-images **95** picture-alliance/dpa/Frank May **96** Landesarchiv Niedersachsen/Staatsarchiv Aurich/Rep. 243, A 470 **97** picture-alliance/dpa/Frank May **98** Landesarchiv Niedersachsen/Staatsarchiv Aurich/Rep. 243, A 948 **99** picture-alliance/dpa/Frank May **101o** VEMAG Verlags- und Medien AG **101u** picture-alliance/dpa/Frank May **102** picture-alliance/akg-images **103** picture-alliance/HB-Verlag/Hartmut Schwarzbach **104** picture-alliance/akg-images **105** picture-alliance/Bildagentur Huber/Gräfenhain **106** picture-alliance/akg-images **107** picture-alliance/HB-Verlag/Hartmut Schwarzbach **108** picture-alliance/akg-images **109** picture-alliance/Rolf Kosecki **110** picture-alliance/dpa/Wulf Pfeiffer **111** picture-alliance/dpa Themendienst/Andreas Bitterer **112** picture-alliance/akg-images **113** picture-alliance/dpa/Kurt Scholz **114** picture-alliance/dpa/Wulf Pfeiffer **115** picture-alliance/dpa/Carsten Rehder **116** picture-alliance/dpa **117** picture-alliance/ZB/Euroluftbild **118** picture-alliance/kpa/Aquila **120** picture-alliance/ZB/Sammlung Sauer **121** picture-alliance/dpaweb/Ingo Wagner **122** picture-alliance/akg-images **123** picture-alliance/Bild-agentur Huber/Gräfenhain **124** picture-alliance/dpa **125** picture-alliance/Bildagentur Huber/Gräfenhain **126** picture-alliance/akg-images **127** picture-alliance/dpa/Frank May **128** picture-alliance/akg-images **129** picture-alliance/dpa/Ingo Wagner **130** picture-alliance/akg-images **131** Stadt Norderney **132** picture-alliance/akg-images **133** picture-alliance/HB-Verlag/Marc-Oliver Schulz **134** picture-alliance/akg-images **135** picture-alliance/dpa/Carmen Jaspersen **136** picture-alliance/Bildagentur Huber/Gräfenhain **137** picture-alliance/dpa/Lutz P. Kayser **138** picture-alliance/akg-images **139o** picture-alliance/dpa **139u** picture-alliance/dpa/Carmen Jaspersen **140** picture-alliance/dpa **141** picture-alliance/HB-Verlag/Hartmut Schwarzbach **142** picture-alliance/dpa/Tourismus-Service Westerland **143** picture-alliance/HB-Verlag/Hartmut Schwarzbach **144** picture-alliance/akg-images **145** picture-alliance/dpa/Carsten Rehder **146** picture-alliance/akg-images **147** picture-alliance/dpaweb/Kay Nietfeld **148** picture-alliance/Sven Simon **149** picture-alliance/HB-Verlag/K.-H. Raach **150/151** picture-alliance/dpa/Wulf Pfeiffer **152** picture-alliance/dpa/Spacek & Co. **153** picture-alliance/dpa/Cornelia Gus **154** picture-alliance/akg-images **155** picture-alliance/dpa/Rainer Jensen **156** picture-alliance/dpa **157** picture-alliance/dpa/Christian Hager

Verlag und Redaktion bedanken sich ganz besonders bei Ellen Hansmann und Andrea Depenbusch für die unermüdliche Unterstützung bei der Bildredaktion zu diesem Buch.